Grammatik kurz & bündig
SPANISCH

von Yolanda Mateos Ortega

Neubearbeitung
von Sabine Segoviano

PONS GmbH
Stuttgart

PONS
Grammatik kurz & bündig
SPANISCH

von
Yolanda Mateos Ortega

Neubearbeitung
von Sabine Segoviano

Auf der Basis von ISBN 978-3-12-561147-4.
Inhaltlich identisch mit ISBN 978-3-12-561407-9.

Auflage A1 5 4 3 2 / 2015 2014 2013 2012

© PONS GmbH, Rotebühlstraße 77, 70178 Stuttgart, 2011
PONS Produktinfos und Shop: www.pons.de
PONS Sprachenportal: www.pons.eu
E-Mail: info@pons.de
Alle Rechte vorbehalten.

Logoentwurf: Erwin Poell, Heidelberg
Logoüberarbeitung: Sabine Redlin, Ludwigsburg
Titelfoto: Vlado Golub, Stuttgart
Einbandgestaltung: Tanja Haller, Petra Schnur, Stuttgart
Illustrationen: Stefan Theurer, Eningen; Marlene Pohle, Stuttgart
Layout: Satz und mehr, Besigheim
Satz: Fotosatz Kaufmann, Stuttgart
Druck und Bindung: Print Consult GmbH, München

Printed in Slovak Republic.
ISBN: 978-3-12-561635-6

So benutzen Sie dieses Buch

Die **PONS Grammatik kurz & bündig SPANISCH** bietet Ihnen eine übersichtliche Darstellung der aktuellen spanischen Standardsprache. Anhand zahlreicher spanischer Beispielsätze mit deutscher Übersetzung können Sie die Regeln der spanischen Sprache auf einfache und verständliche Weise erlernen oder wiederholen.

Wenn Sie schnell und gezielt etwas nachschlagen wollen, hilft Ihnen dabei unser Leitsystem: Orientieren Sie sich zunächst an den **Kopfzeilen** mit den Kapitelüberschriften. Zu den Unterkapiteln, die Sie besonders interessieren, gelangen Sie dann ganz leicht mit Hilfe der **Fußzeilen**!

Darüber hinaus finden Sie unter der Rubrik **Leicht gemerkt!** das Wichtigste zu jedem Kapitel in diesem Buch noch einmal in Kurzform zusammengefasst. Wenn Sie sich also zu einem bestimmten Grammatikthema einen kurzen, aber gründlichen Überblick verschaffen wollen, dann können Sie sich an diesem Leicht-Merk-System orientieren!

Bei der Arbeit mit diesem Buch helfen Ihnen die folgenden Symbole:

 Hier wird auf eine Regel oder Besonderheit hingewiesen, die Sie nicht übersehen sollten.

 Hier werden Unterschiede zwischen dem Deutschen und dem Spanischen aufgezeigt.

 Mit diesem Symbol weisen wir Sie auf Eigenheiten der spanischen Sprache in Lateinamerika hin.

 Bestimmte Regeln kann man sich auch spielerisch ganz leicht erarbeiten. Probieren Sie doch einmal unsere Spiel- und Übungsvorschläge an dieser Stelle aus!

▶ Hier wird auf ein anderes Grammatikkapitel verwiesen.

Im Anhang finden Sie außerdem einige **Erklärungen wichtiger Grammatikbegriffe** und ein ausführliches **Stichwortregister**, mit dem Sie nach bestimmten Themen gezielt suchen können. So wird die **PONS Grammatik kurz & bündig SPANISCH** zu Ihrem wertvollen Begleiter beim Erlernen der spanischen Sprache.

Viel Spaß und Erfolg!

Inhalt

1 | Aussprache, Betonung und Rechtschreibung

Spanier und Lateinamerikaner sprechen schnell und lebhaft, vor allem aber rollen sie das **r**. Das ist sicherlich das Erste, was Ihnen auffällt, wenn Sie jemanden spanisch sprechen hören. Beim genaueren Hinhören gibt es jedoch noch viele andere Unterschiede zur deutschen Sprache. In diesem Kapitel werden Sie die grundlegenden Regeln zur Aussprache, Betonung und Schreibung der spanischen Sprache kennen lernen.

Das Alphabet

Buchstabe	Spanischer Name	Phonetik	Entsprechung	Buchstabierung
A, a	a	a	≈ alt	Antonio
B, b	be	b/β	≈ haben	Barcelona
C, c	ce	θ	≈ think *(engl.)* ≈ Anker	Carmen
Ch, ch	che	tʃ	≈ Peitsche	Chocolate
D, d	de	d/ð	≈ Mulde	Dolores
E, e	e	e	≈ Bett	Enrique
F, f	efe	f	Ferien	Francia
G, g	ge	g/ɣ X	≈ Allgäu ≈ Dach	Gerona
H, h	hache			Historia
I, i	i	i	≈ intern	Inés
J, j	jota	X	≈ Dach	José
K, k	ka	k	≈ Anker	Kilo
L, l	ele	l	Lampe	Lorenzo
Ll, ll	elle	ʎ	≈ Million	Llobregat
M, m	eme	m	Mund	Madrid
N, n	ene	n	Neun	Navarra
Ñ, ñ	eñe	ɲ	≈ Cognac	Ñoño
O, o	o	o	≈ Ross	Oviedo
P, p	pe	p	≈ Alpen	París
Q , q	cu	k	≈ Anker	Querido

R, r rr	erre erre doble	r rr		**R**amón
S, s	ese	s	≈ e**ss**en	**S**ábado
T, t	te	t	≈ mun**t**er	**T**arragona
U, u	u	u	≈ K**u**ss	**U**lises
V, v	uve	b/β	≈ ha**b**en	**V**alencia
W, w	uve doble	u̯ b/β	≈ **wh**isky *(engl.)* ≈ ha**b**en	**W**ashington
X, x	equis	ks/ɣs s	≈ Ta**x**i ≈ Au**s**tralien	**X**iquena
Y, y	i griega	i j dʒ ʒ	≈ Ha**i** ≈ **J**ot ≈ **J**ob ≈ **G**enie	**Y**egua
Z, z	zeta	θ	≈ **th**ink *(engl.)*	**Z**aragoza

Viele Laute werden nur annäherungsweise so ausgesprochen wie im Deutschen oder Englischen, was das Entsprechungszeichen ≈ vor den Beispielen verdeutlicht. Bei **r** und **h** fehlen die Entsprechungen ganz: Das **h** wird im Spanischen nicht gesprochen, das **r** wird ganz anders ausgesprochen als im Deutschen oder Englischen.

Die Aussprache

Die Vokale

Im Deutschen sprechen wir je nach Stellung der Vokale (Selbstlaute) im Wort diese entweder kurz oder lang aus. Im Spanischen hingegen werden die Vokale **a, e, i, o** und **u** immer halblang ausgesprochen. Außerdem gibt es in der spanischen Sprache die Umlaute *ä, ö* und *ü* nicht.

a:	sehr klar und offen, wie in *kalt*
e:	wie das *e* in *Metz*
i (y):	wie das *i* in *Literatur*
o:	wie das *o* in *Otto*
u:	wie das *u* in *Kultur*

Vorsicht! – Eine falsche Aussprache kann schnell zu Verständigungsproblemen führen: ein zu lang und zu dunkel ausgesprochenes **o** wird als **u**, ein zu langes **e** als **i** interpretiert.
Auch am Ende eines Wortes wird das **e** genauso deutlich ausgesprochen wie innerhalb oder am Anfang eines Wortes.
In den Kombinationen **que, qui** und **gue, gui** ist das **u** ein reines Schriftzeichen und deshalb stumm.

Die Doppellaute

Werden die Vokale **i** (**y**) und **u** mit einem anderen Vokal oder miteinander verbunden, bilden sie einen Diphthong, auf Deutsch Doppellaut. In diesem Fall werden sie als eine Silbe ausgesprochen.

farmacia, caimán, hay; bien, peine, ley; idiota, oigo, soy; huy; suave, astronauta; europeo, abuelo; averiguo; cuidado; apreciéis, Paraguay

Werden das **i** oder das **u** betont, wird dies durch einen Akzent angezeigt. In diesem Fall werden die Vokale getrennt ausgeprochen; in Spanien spricht man hier von einem **hiato.**

tío, oí, baúl, tenía, freír, caí

Die Konsonanten

Wie schon erwähnt, werden viele Buchstaben nicht oder nur annäherungsweise wie im Deutschen ausgesprochen. Genau genommen sind nur **f, l** und **m** in der Aussprache wirklich identisch. Bei allen anderen Buchstaben weicht die spanische Aussprache von der deutschen ab. Aber keine Angst, häufig sind die Unterschiede nur sehr gering:

b, v	werden gleich ausgesprochen: am Wortanfang und nach einem **-m-** oder **-n-** als **b**, innerhalb des Wortes etwas weicher (die Lippen werden nicht ganz geschlossen).
c	vor einem **e** und **i** wird immer wie das englische *th* (θ) in *thought* ausgesprochen; in Südspanien, auf den Kanaren und in Lateinamerika wird das **c** in diesem Fall wie ein stimmloses **s** ausgesprochen. vor einem **a, o** oder **u** wird wie ein *k* ausgesprochen.
ch	wird wie *tsch* ausgesprochen.
g	vor einem **a, o** oder **u** entspricht dem deutschen *g*. vor einem **e** oder **i** wird wie das *ch* in *Buche* ausgesprochen. Soll das **g** vor einem **e** oder **i** wie das deutsche *g* ausgesprochen werden, schreibt man **gue** bzw. **gui**. In diesem Fall wird das **u** nicht mitgesprochen. Steht zwischen **g** und **e** oder **g** und **i** ein **ü**, d. h. das **u** trägt ein Trema, wird das **u** ausgesprochen (**el pingüino, las antigüedades, la cigüeña**).
h	ist immer stumm und wird nicht mitgesprochen.
j	wird (wie **g** vor einem **e** oder **i**) wie das *ch* in *Buche* ausgesprochen. In Lateinamerika und Südspanien wird dieser Laut etwas gehaucht und ähnelt dem deutschen *h*.

k	findet man nur in Fremdwörtern wie **parking**, **kéfir** und in der Wortfamilie **kilogramo**, **kilómetro**, etc. Ausgesprochen wird es wie auf Deutsch.
ll	wird in der Hochsprache wie das *ll* in *Million* ausgesprochen. In den meisten Regionen Spaniens und in ganz Lateinamerika wird es jedoch in der Umgangssprache wie das spanische **y** ausgesprochen.
n	vor einem **b**, **v** oder **p** wird als *m* ausgesprochen.
ñ	wird wie das *gn* in dem Wort *Champignon* ausgesprochen.
q	steht – zusammen mit einem stummen **u** – immer nur vor einem **e** oder **i** und entspricht dem deutschen *k*.
r	wird immer gerollt: mit einem einmaligen Vibrieren der Zunge oder länger und stark.
s	wird immer scharf ausgesprochen, wie *ß* oder *ss*; es gibt im Spanischen kein weiches *s* und kein *sch*.
v	wird nie als *f* und auch nicht als deutsches *w* ausgesprochen, sondern als *b* (siehe **b**, **v**).
w	ist nur in Fremdwörtern vertreten und wird entweder wie im Englischen (*whisky*) oder wie das spanische **b** (**wáter**), jedoch nie wie ein deutsches *w* ausgesprochen.
x	wird zwischen Vokalen wie das deutsche *ks* oder *gs*, vor einem **t**, **p**, **c** oder **q** sowie von vielen Muttersprachlern auch in anderen Positionen als *ss* ausgesprochen. In mexikanischen Wörtern wie **México, Oaxaca** und **Texas** ersetzt es eigentlich ein **j** und wird deshalb als solches ausgesprochen.
y	kann einen Vokal, d. h. ein normales *i* (**y, hay, hoy, muy**), oder einen Konsonanten darstellen. Als Konsonant steht das **y** vor einem Vokal und wird als dʒ (wie in *Job, Joggen*) ausgesprochen. In fast ganz Spanien und in Lateinamerika wird auch das **ll** wie dieses starke dʒ ausgesprochen. Außerdem gibt es eine regional bedingte, z. T. sehr verbreitete Variante, die eigentlich ins ʒ (wie im deutschen *Genie*) geht. Sie können das konsonantische **y** wie ein deutsches *j* aussprechen: Muttersprachler werden Sie dann ohne Mühe verstehen.
z	steht nur vor **a, o, u** und wird immer wie das englische *th* (θ) in *thorn* ausgesprochen; in Lateinamerika, Südspanien und auf den Kanaren entspricht es einem stimmlosen *s*. Zu den wenigen Ausnahmen gehört der Name des Buchstabens **z**, **zeta/zeda**, außerdem Wörter wie **zepelín** und **zinc**. **Zebra** und **zenit** sind zwar noch zugelassen, im Gebrauch aber von **cebra** und **cenit** abgelöst worden.

Die Laute **d, g(u), b** (geschrieben **b/v**), und **p, t, k** (geschrieben **c/qu/k**) werden wesentlich weicher ausgesprochen als im Deutschen.

Das rollende r

Das spanische **r** wird immer gerollt, entweder einfach oder doppelt. Hier sollten Sie sich jedoch merken, dass nicht immer ein **r** einfach und zwei **rr** doppelt gerollt werden, sondern dass folgende Regeln gelten:

– Ein **-r** am Ende eines Wortes sowie in den Kombinationen mit **br-pr-, tr-, cr-** wird immer einfach gerollt.

hablar	**brazo**	**pronto**	**teatro**	**cristal**

– Am Wortanfang sowie nach einer auf einen Konsonanten endenden Silbe wird das **r-** immer stark gerollt.

rosa	**Enrique**	**Israel**	**alrededor**

– Nur zwischen Vokalen kann das **r** sowohl stark als auch einfach gerollt werden; wird es stark gerollt, wird dies durch die Verdoppelung des **r** bei der Schreibung angezeigt.

caro – carro	*teuer – Karren*	**ahora – ahorra**	*jetzt – er/sie spart*
pero – perro	*aber – Hund*	**cero – cerro**	*Null – Hügel*

Eine kleine Aussprachehilfe
Wahrscheinlich scheint es Ihnen unmöglich, das **r** auch nur halbwegs zu rollen. Versuchen Sie es doch mit einer der folgenden Buchstabenkombinationen:
brrrrrrrrr
drrrrrrrr
oder **zrrrrrrrr**

Betonung und Akzentsetzung

Während im Deutschen die Wörter meist stammbetont sind, kann ein spanisches Wort überall betont werden, unabhängig davon, ob es sich um den Stamm, die Endung oder eine andere Silbe handelt:

Espa**ña**   **Chile**

aber **español**   **chileno**

Wie Sie den vorigen Beispielen entnehmen können, wird die betonte Silbe nicht unbedingt durch einen Akzent markiert. Ganz im Gegenteil, die meisten spanischen Wörter werden ohne Akzent geschrieben. Gesetzt wird der Akzent nach folgenden, einfachen Regeln:

Schema	Wörter, die:	erhalten:	Beispiel
■■▪	auf der vorletzten Silbe betont werden und auf einen Vokal, auf ein **-n** oder ein **-s** enden,	keinen Akzent	Ale**ma**nia **Car**men **ca**sas
■■▪	auf der vorletzten Silbe betont werden und auf einen Konsonanten außer **-n** oder **-s** enden,	einen Akzent	**fá**cil, **ár**bol **ál**bum **tó**rax
■■■▪	auf der letzten Silbe betont werden und auf einen Konsonanten außer **-n** oder **-s** enden,	keinen Akzent	can**tar**, doc**tor** a**bril**, Bra**sil** ciu**dad**
■■■▪	auf der letzten Silbe betont werden und auf einen Vokal, auf ein **-n** oder ein **-s** enden,	einen Akzent	ca**fé**, Pe**rú** des**pués** ca**mión**
▪■■■ ▪■▪■	auf der dritt- oder viertletzten Silbe betont werden,	immer einen Akzent	A**mé**rica **pá**jaro **dí**ganoslo
▪	einsilbig sind,	keinen Akzent	no soy

Die drei Grundregeln zur Betonung sollten Sie parat haben:

1. Wörter, die auf Vokal, **-n** oder **-s** enden, werden auf der vorletzten Silbe betont.

2. Wörter, die auf Konsonant außer **-n** oder **-s** enden, werden auf der letzten Silbe betont.

3. Weicht die Betonung eines Wortes von den beiden Regeln ab, erhält der betonte Vokal beim Schreiben einen Akzent.

Bis sie sitzen, suchen Sie sich immer wieder ein paar Wörter aus einem Text oder dem Wörterbuch und überlegen mit Hilfe der Regeln, weshalb das Wort (k)einen Akzent trägt.

Von diesen Regeln weichen nur Wörter ab, die aus einem bestimmten Grund immer mit einem Akzent versehen werden:

– Wörter mit einem **hiato** (▶ S. 8).

día	**pú**a	pa**ís**

– Fragewörter, auch in indirekten Fragen.

¿**Cómo** estás?	Wie geht es dir?
¿**Cuál** es tu bicicleta?	Welches Fahrrad gehört dir?
¿**Cuáles** son tus dificultades?	Welches sind deine Schwierigkeiten?
¿**Por qué** queréis ir a casa?	Warum möchtet ihr nach Hause gehen?
Laura no dice **qué** le pasa.	Laura sagt nicht, was mit ihr los ist.
Pili pregunta **quién** más viene a cenar.	Pili fragt, wer noch zum Abendessen kommt.

– Ausrufewörter.

¡**Qué** bonito!	Wie schön!
¡**Cuánto** me alegro!	Wie sehr ich mich freue!
¡**Cómo** os lo agradezco!	Wie dankbar ich euch dafür bin!

– Abgeleitete Adverbien, wenn auch das Adjektiv einen Akzent trägt.

fácilmente	**fá**cil
rápidamente	**rá**pido
únicamente	**ú**nico

– Einige einsilbige und wenige zweisilbige Wörter, um sie von denen mit der gleichen Schreibweise aber anderer Bedeutung zu unterscheiden.

mí – mi	*mich/mir – mein*	**él – el**	*er – der*	
tú – tu	*du – dein*	**sé – se**	*ich weiß – sich/man*	
más – mas	*mehr – jedoch*	**té – te**	*Tee – dich/dir*	
sí – si	*ja – falls*	**sólo – solo**	*nur – allein*	

– Allein stehende Demonstrativpronomen.

Conozco a estos estudiantes,   *Ich kenne diese Studenten,*
pero no a ése.   *aber nicht den da.*

– Die Konjunktion **o** zwischen Zahlen, um sie von diesen deutlich abzuheben.

10 ó 20

Leicht gemerkt!

Viele Muttersprachler nehmen es mit der richtigen Akzentsetzung nicht so genau. Dies sollte Sie jedoch nicht davon abhalten, die Regeln der Akzentsetzung sehr ernst zu nehmen. So wird es Ihnen leichter fallen, die Wörter richtig zu betonen.

Die Rechtschreibung

Großschreibung

Großbuchstaben werden wie im Deutschen am Satzanfang und bei Eigennamen gebraucht (Personen, Orts- und Ländernamen, Behörden, Institutionen, religiöse und historische Bezeichnungen). Außerdem bei Zitaten nach einem Doppelpunkt sowie bei Abkürzungen in der Anrede. Bei Roman- oder Filmtiteln wird nur der Anfangsbuchstabe groß geschrieben.

Amparo	*weiblicher Vorname*
Bilbao	*Stadt im Baskenland*
Nicaragua	*Land in Mittelamerika*
el Ministerio de Asuntos Exteriores	*das Außenministerium*
Correos	*das Postamt*
Internet	*das Internet*
el Instituto Cervantes	*das spanische Kulturinstitut*
la Unión Europea	*die Europäische Union*

la Cruz Roja	*das Rote Kreuz*
la Semana Santa	*die Karwoche*
la Edad Media	*das Mittelalter*
Querida Diana: Muchas gracias por...	*Liebe Diana, vielen Dank für...*
Sr., Sra., Srta., Ud./Vd., D., Dña.	señor, señora, señorita, usted, don, doña
Cien años de soledad	*„Hundert Jahre Einsamkeit"* *(Roman von Gabriel García Márquez)*
Todo sobre mi madre	*„Alles über meine Mutter"* *(Film von Pedro Almodóvar)*

Kleinschreibung

– Monatsnamen, Wochentage, Jahreszeiten, Himmelsrichtungen

enero	*Januar*
febrero	*Februar*
lunes	*Montag*
martes	*Dienstag*
la primavera	*Frühling*
el verano	*Sommer*
el norte	*Norden*
el sur	*Süden*

– Namen geografischer Herkunft

una madrileña	*eine Madriderin*
un andaluz	*ein Andalusier*
un grupo de latinoamericanos	*eine Gruppe von Lateinamerikanern*

Doppelkonsonanten

Im Spanischen finden wir eine einzige echte Verdoppelung und zwar das **-rr-**. Da in Wörtern wie **ac-ción** oder **in-novar** die Konsonanten verschiedenen Silben zugeordnet werden, gelten die Fälle nicht als *echte* Verdoppelung.
Die Buchstabenkombinationen **ch** und **ll** bilden einen für das Spanische charakteristischen Laut und werden deshalb wie auch das **ñ** als eigenständige Buchstaben im spanischen Alphabet mit aufgeführt.

Grundregeln der Rechtschreibung

Eigentlich ist die spanische Rechtschreibung sehr einfach, da meistens genauso geschrieben wie gesprochen wird... leider aber auch nur meistens! Worauf müssen Sie achten?

Manche Schreibweisen folgen weder klaren Regeln noch lassen sie sich von der Aussprache ableiten. Deshalb sollte man bei der Schreibung berücksichtigen:

– **b** und **v** werden gleich ausgesprochen, so dass man von der Aussprache nicht auf die Schreibweise schließen kann. Die Kombinationen **br-** und **bl-** sind jedoch nur mit **b** möglich.

– **g** und **j** werden vor **e** und **i** gleich ausgesprochen, so dass man an der Aussprache die Schreibweise nicht erkennen kann.

– Das **h** ist im Spanischen immer stumm.

oler	*riechen*
huele bien/mal	*es riecht gut/nicht gut*

– Das **ll** und das **y** werden häufig gleich ausgesprochen und bereiten daher sogar Muttersprachlern Schwierigkeiten beim Schreiben.

queso rallado	*geriebener Käse*
papel rayado	*liniertes Papier*

Je nachdem, mit welchem Vokal der Laut in Erscheinung tritt, wird in einigen Fällen ein- und derselbe Laut unterschiedlich geschrieben:

– Der *k*-Laut wird vor **-a**, **-o**, **-u** mit **c**, vor **-e**, **-i** mit **qu-** geschrieben (*k* als Buchstabe ist nur in Fremdwörtern zu finden).

casa	*Haus*		**queso**	*Käse*
concurso	*Wettbewerb*		**quizás**	*vielleicht*
busco	*ich suche*	aber	**busqué**	*ich suchte*

– Der *th*-Laut (θ) wird vor **-e**, **-i** mit **c**, vor **-a**, **-o**, **-u** mit **z** geschrieben.

zorzal	*Drossel*		**zumo**	*Saft*
cero	*Null*		**cima**	*Gipfel*
hice	*ich machte*	aber	**hizo**	*er machte*

Leicht gemerkt!

Merksatz zur Rechtschreibung:
Vor **–e** und **–i** wird **z** zu **c**.

– Ein unbetontes **i** wird zwischen Vokalen immer zu einem **y**.

caigo	*ich falle*		**caí**	*ich fiel*
cayó	*er fiel*		**cayendo**	*fallend*

Satzzeichen

,	**la coma**	*das Komma*
;	**el punto y coma**	*das Semikolon*
:	**los dos puntos**	*der Doppelpunkt*
.	**el punto (final)**	*der Punkt (am Ende eines Satzes)*
...	**los puntos suspensivos**	*die Auslassungspunkte*
¿ ?	**los signos de interrogación**	*die Fragezeichen*
¡ !	**los signos de admiración**	*die Ausrufezeichen*
( )	**el paréntesis**	*die runde Klammer*
[ ]	**el corchete**	*die eckige Klammer*
-	**el guión**	*der Bindestrich*
–	**la raya**	*der Gedankenstrich*

Fragen und Ausrufe werden im Spanischen von einem umgekehrten Frage- bzw. Ausrufezeichen eingeleitet, wobei nur der eigentliche Frage- bzw. Ausrufesatz zwischen den beiden Frage- bzw. Ausrufezeichen steht.

¿Tomas café o té?	*Trinkst du Kaffee oder Tee?*
¡Pásame la sal, por favor!	*Gib mir bitte das Salz rüber!*
El pescado está riquísimo, ¿verdad?	*Der Fisch ist sehr lecker, nicht wahr?*
¡Claro!, dijo mi hermana.	*Klar, sagte meine Schwester.*

Bei der Silbentrennung sollten Sie daran denken, dass das **rr, ll, ch**, Buchstabengruppen (**br, cl, pr** usw.) und Doppellaute nicht getrennt werden.

el pe-**rr**o, el va-**ll**e, la le-**ch**e
a-**br**i-mos, a-**cl**a-rar, com-**pr**ó
n**ue**-vo, far-ma-**ci**a, p**ia**-no

2 | Der Artikel

Wie im Deutschen unterscheidet man im Spanischen zwischen dem bestimmten und dem unbestimmten Artikel.

Alberto es el amigo de mi hermano.	*Alberto ist der Freund meines Bruders.*
Es una persona muy simpática.	*Er ist ein sehr netter Mensch.*

Die Formen des bestimmten und unbestimmten Artikels

Da die spanische Sprache keine sächlichen Substantive kennt, gibt es bei diesen nur einen männlichen und einen weiblichen Artikel.

		bestimmter Artikel		unbestimmter Artikel	
Singular	männlich	**el**	amigo	**un**	amigo
	weiblich	**la**	rosa	**una**	rosa
Plural	männlich	**los**	amigos	**unos**	amigos
	weiblich	**las**	rosas	**unas**	rosas

In der Regel steht vor männlichen Substantiven der bestimmte Artikel **el** und der unbestimmte **un**, im Plural der bestimmte Artikel **los** und der unbestimmte **unos**, vor weiblichen Substantiven der bestimmte Artikel **la** und der unbestimmte **una**, im Plural der bestimmte **las** und der unbestimmte **unas**.

Die Ausnahme bilden weibliche Substantive, die mit betontem **a-** oder **ha-** anfangen. Diese haben wegen der sonst schwierigen Aussprache im Singular den Artikel **el** und **un**, im Plural **las** und **unas**.

el ala	*der Flügel*	**las** alas	*die Flügel*
un ala	*ein Flügel*	**unas** alas	*einige Flügel*
el haya	*die Buche*	**las** hayas	*die Buchen*
un haya	*eine Buche*	**unas** hayas	*einige Buchen*

Die Präpositionen **a** und **de** werden mit dem bestimmten, männlichen Artikel des Singulars zusammengezogen.

a	**+ el**	**= al**	**Voy al cine.**	*Ich gehe ins Kino.*
de	**+ el**	**= del**	**Viene del jardín.**	*Er/Sie kommt aus dem Garten.*

Viajan mañana al Japón.   *Sie reisen morgen nach Japan.*

Ist **el** Teil des Eigennamens, gilt diese Regel nicht.

Acaban de volver de **El Salvador.**	*Sie sind gerade aus El Salvador zurückgekommen.*
En Toledo visitamos la casa de **El Greco.**	*In Toledo haben wir das Haus von El Greco besichtigt.*
Han sacado muchas fotos de **El Escorial.**	*Sie haben viele Fotos vom Escorial gemacht.*
¿Mandaste la carta a **El País?**	*Hast du den Brief an El País geschickt?*

Vor Adjektiven, Partizipien, Pronomen und Adverbien, jedoch nie vor Substantiven wird der sächliche Artikel **lo** verwendet, der für **lo que es** – *das was ist* steht:

lo bueno	*das Gute*	**lo ocurrido**	*das Geschehene*
lo nuestro	*das Unsere*	**lo antes posible**	*möglichst bald*

Die deutsche Sprache kennt keine Mehrzahl des unbestimmten Artikels: **unos/unas** entspricht dem deutschen *manche, einige.* Aber Achtung! Die Formen **unos/unas** können zusammen mit Zahlen und Mengenangaben auch in der Bedeutung von *etwa, circa, ungefähr* vorkommen.

Tengo unos **libros muy interesantes.**	*Ich habe (ein paar) sehr interessante Bücher.*
Tengo unos **mil libros.**	*Ich habe ungefähr eintausend Bücher.*

Leicht gemerkt!

Die bestimmten Artikel heißen **el**, **la**, **los**, **las**.
Die unbestimmten Artikel heißen **un**, **una**, **unos**, **unas**.
Die Präpositionen **a** und **de** werden mit dem männlichen Artikel **el** verschmolzen.
a + el = al
de + el = del

Ist **el** Teil des Eigennamens, gilt diese Regel nicht.

Vengo del Japón y viajo mañana a El Cairo.	*Ich komme aus Japan und reise morgen nach Kairo.*

Beginnt ein weibliches Substantiv mit einem betonten **a-** oder **ha-**, wird im Singular der männliche Artikel **el** benutzt.

el ala – **las** alas

Wenn Sie die doch recht trockenen Regeln in eigene Worte kleiden und vielleicht noch einen Reim finden, speichert Ihr Gehirn das sicher viel lieber.
Wie wäre es mit folgendem Satz:
El ala ist doch weiblich, klar,
bloß liegt die Betonung auf dem ersten "**a**".

Der Gebrauch des Artikels

In der Regel werden die bestimmten Artikel **el, la, los** und **las** wie im Deutschen bei Begriffen verwendet, die schon zuvor erwähnt wurden oder bei denen der Sprecher schon weiß, um was es sich handelt.
Die unbestimmten Artikel **un, una, unos, unas** hingegen werden bei Begriffen verwendet, die noch nicht erwähnt wurden oder bei denen es sich um eine beliebige Person oder einen beliebigen Gegenstand handelt.

Der bestimmte Artikel steht

– bei Zeitangaben und der Uhrzeit,

la semana pasada	*letzte Woche*
el año que viene	*nächstes Jahr*
a las cinco de la tarde	*um fünf Uhr Nachmittag*
Son las doce en punto.	*Es ist Punkt zwölf Uhr.*

– bei Wochentagen,

Los viernes hacemos las compras.	*Freitags kaufen wir ein.*
El martes me encuentro con Paloma.	*Am Dienstag treffe ich mich mit Paloma.*

– bei Sport, Spiel und Instrumenten,

Mi hijo juega al fútbol.	*Mein Sohn spielt Fußball.*
Nos encanta jugar a las cartas.	*Wir spielen sehr gerne Karten.*
No todos los españoles tocan la guitarra.	*Nicht alle Spanier spielen Gitarre.*

– manchmal vor Orts- oder Eigennamen,

(el) Japón	*Japan*	**(la) Argentina**	*Argentinien*
(el) Perú	*Peru*	**(la) India**	*Indien*

– immer als Bestandteil des Namens,

La Habana	*Havanna*	**El Ferrol**	*El Ferrol*
La Paz	*La Paz*	**El Cairo**	*Kairo*
La Coruña	*La Coruña*		

aber

Suiza	*die Schweiz*	**Turquía**	*die Türkei*

– vor Familiennamen, wenn ein Ehepaar oder eine Familie gemeint ist,

los Pérez	*die Familie/das Ehepaar Pérez*
los Ortega	*die Ortegas*

– vor Anredeformeln und Titeln, wenn über jemanden in der 3. Person gesprochen wird,

Esta es la señora Martín.	*Das ist Frau Martín.*
¿Dónde vive el doctor Gómez?	*Wo wohnt Dr. Gómez?*

– in Sätzen, in denen verallgemeinert wird oder universell geltende Aussagen über eine Person oder eine Sache getroffen werden. Im Deutschen fällt in diesen Fällen der Artikel weg.

El pan es nutritivo.	*Brot ist nahrhaft.*
Los españoles hablan rápido.	*Spanier sprechen schnell.*
No me gusta el café.	*Kaffee schmeckt mir nicht.*
Me gustan los niños.	*Ich mag Kinder.*

Leicht gemerkt!

Wenn Sie sich merken wollen, dass der bestimmte Artikel immer bei **Wochentagen**, der **Uhrzeit**, **Instrumenten** und **Sport** steht, dann ist dieser Bandwurmsatz vielleicht von Nutzen. Speichern Sie den Inhalt vor Ihrem inneren Auge ab und Sie werden ihn nie mehr vergessen.
Los martes a **las cinco** yo estudio español, mi hermana toca **el violín** y después jugamos **al tenis**.

Der unbestimmte Artikel

Als unbestimmter Artikel werden **unos** oder **unas** vor Substantiven gebraucht, die nur im Plural verwendet werden.

Berta se ha comprado unos vaqueros blancos.	*Berta hat sich weiße Jeans gekauft.*
Necesito unas gafas para leer.	*Ich brauche eine Lesebrille.*

Im Spanischen steht der unbestimmte Artikel nicht

– vor **otro** und **medio**

¿Tienen otra novela de Carme Riera?	*Haben Sie noch einen anderen Roman von Carme Riera?*
He tomado medio litro de leche.	*Ich habe einen halben Liter Milch getrunken.*

– in Verbindung mit **tener** oder **llevar**, wenn es sich um eine allgemeine Aussage handelt.

¿Tenéis ordenador?	*Habt ihr einen Computer?*
Tienen hijos.	*Sie haben Kinder.*
Mi marido siempre lleva boina.	*Mein Mann trägt immer eine Baskenmütze.*
Belén lleva gafas.	*Belén trägt eine Brille.*

Leicht gemerkt!

Vor **otro** und **medio** steht nie der unbestimmte Artikel.

Merksatz:
Otro und **medio** stehen allein, wollen nie bei **uno** sein.

Im Spanischen steht häufig kein Artikel

– wenn das direkte Objekt, d. h. das Akkusativobjekt nicht zählbar ist,

¿Quieres té o café?	*Willst du Tee oder Kaffee?*
En la bolsa hay pan.	*In der Tüte ist Brot.*
Dame agua.	*Gib mir Wasser.*

– wenn das direkte Objekt oder auch das Subjekt eines Satzes zwar zählbar ist, aber die Menge keine Rolle spielt und im Deutschen mit *ein paar, einige* oder *manche* ausgedrückt werden könnte,

Viene gente.	*Da kommen Leute.*
Compra manzanas.	*Kauf Äpfel.*

– in verneinten Sätzen.

No tengo tiempo.	*Ich habe keine Zeit.*
No como carne.	*Ich esse kein Fleisch.*
No nos queda fruta.	*Es ist kein Obst mehr da.*
Ahora no vienen clientes.	*Jetzt kommen keine Kunden.*

3 | Das Substantiv

Mit den Substantiven bezeichnen wir Menschen, Tiere, Dinge, Lebensmittel, Ideen, Spiele … und natürlich auch ganz konkrete Personen, Orte usw.

el amigo	*der Freund*	**Antonio y Carmen**	*Antonio und Carmen*
el gato	*die Katze*	**las vacaciones**	*die Ferien*
la leche	*die Milch*	**Cuba**	*Kuba*
la alegría	*die Freude*	**Canarias**	*die Kanaren*

Männlich oder weiblich: Das Geschlecht

Im Spanischen sind Substantive entweder männlich oder weiblich; sächliche Substantive (das Neutrum) kennt die spanische Sprache nicht. Ob ein Substantiv männlich oder weiblich ist, lässt sich bei den folgenden Gruppen oft aus der Bedeutung erschließen:

– Bei Menschen entspricht das Geschlecht des Wortes dem der bezeichneten Person.

el padre *der Vater*		**la madre** *die Mutter*
el yerno *der Schwiegersohn*		**la nuera** *die Schwiegertochter*
el chico *der Junge*		**la chica** *das Mädchen*
el niño *das Kind* (der kleine Junge)		**la niña** *das Kind* (das kleine Mädchen)

– Wie im Deutschen auch finden wir bei Tieren entweder zwei Formen, d. h. eine für jedes Geschlecht

el perro – la perra	*der Hund – die Hündin*
el gato – la gata	*der Kater – die Katze*
el caballo – la yegua	*das Pferd/der Hengst – die Stute*
el toro – la vaca	*der Stier – die Kuh*

oder ein gemeinsames Wort für beide.

el ratón	*die Maus*	**el gorrión**	*der Spatz*
la serpiente	*die Schlange*	**la mariposa**	*der Schmetterling*

Häufig kann man aber auch mit mehr oder weniger großer Sicherheit an der Endung erkennen, ob ein Wort männlich oder weiblich ist:

– Wörter, die auf **-o** enden, sind meistens männlich; es gibt jedoch einige Ausnahmen.

el mundo	*die Welt*	**el libro**	*das Buch*
el tiempo	*die Zeit/das Wetter*	**el periódico**	*die Zeitung*

aber

la mano	*die Hand*	**la foto(grafía)**	*das Foto*
la radio	*das Radio*	**la moto(cicleta)**	*das Motorrad*

In zahlreichen Ländern Lateinamerikas wird allerdings **el radio** statt **la radio** gebraucht.

– Andere typisch männliche Endungen sind **-or, -aje, -ismo** oder **-m(i)ento**.

el color	*die Farbe*	**el garaje**	*die Garage*
el socialismo	*der Sozialismus*	**el monumento**	*das Denkmal*
el ayuntamiento	*das Rathaus*		

aber

la flor	*die Blume*
la labor	*die Arbeit*

– Wörter, die auf **-a** enden, sind im Allgemeinen weiblich.

la silla	*der Stuhl*	**la comida**	*das Essen*
la ventana	*das Fenster*	**la persona**	*die Person*

aber

el día	*der Tag*	**el clima**	*das Klima*
el sofá	*das Sofa*	**el mapa**	*die Landkarte*
el planeta	*der Planet*	**el cometa**	*der Komet*

– Die Endungen **-dad, -ción, -sión, -tud** oder **-ez** sind ausnahmslos weiblich.

la ciudad	*die Stadt*	**la acción**	*die Handlung*
la comprensión	*das Verständnis*	**la juventud**	*die Jugend*
la honradez	*die Ehrlichkeit*		

– Berufs- oder Personenbezeichnungen, die auf **-ista** oder **-ante**
enden, haben für beide Geschlechter dieselbe Form. Auch bei
einigen Substantiven auf **–(i)ente** ist dies der Fall.

el periodista - la periodista	*der Journalist - die Journalistin*
el dentista - la dentista	*der Zahnarzt - die Zahnärztin*
el turista - la turista	*der Tourist - die Touristin*
el optimista - la optimista	*der Optimist - die Optimistin*
el estudiante - la estudiante	*der Student - die Studentin*
el comerciante -	*der Geschäftsmann -*
la comerciante	*die Geschäftsfrau*
el protestante - la protestante	*der Protestant - die Protestantin*
el hispanohablante -	*der/die Spanischsprechende*
la hispanohablante	
el paciente - la paciente	*der Patient - die Patientin*
el oyente - la oyente	*der Hörer - die Hörerin*

 Im Gegensatz zum Deutschen sind Buchstaben immer weiblich
und Zahlen männlich.

la eñe *das ñ*   **el tres** *die Drei*

Die Bildung der weiblichen Form

Die weibliche Form zu einem männlichen Begriff kann ein eigenstän-
diges Wort, von dem Stamm der männlichen Form abgeleitet oder mit
dieser identisch sein.

el hombre – la mujer	*der Mann – die Frau*
el profesor – la profesora	*der Lehrer – die Lehrerin*
el obrero – la obrera	*der Arbeiter – die Arbeiterin*
el cantante – la cantante	*der Sänger – die Sängerin*
el taxista - la taxista	*der Taxifahrer - die Taxifahrerin*

Bei der Ableitung weiblicher Formen von der männlichen Entsprechung
sind folgende Endungen häufig: **-a, -esa, -isa, -ina, -triz.**

el médico - la médica	*der Arzt - die Ärztin*
el traductor - la traductora	*der Übersetzer - die Übersetzerin*
el conde - la condesa	*der Graf - die Gräfin*
el poeta - la poetisa	*der Dichter - die Dichterin*
el héroe - la heroína	*der Held - die Heldin*
el actor - la actriz	*der Schauspieler - die Schauspielerin*

Männlich ist in der Regel ein Substantiv
– wenn es eine männliche Person oder Tier bezeichnet
– eine Zahl ist
– auf **-o** endet
– auf **-or, -aje, -ismo** oder **-m(i)ento** endet
– auf **-ma** endet und aus dem Griechischen stammt
Weiblich ist in der Regel ein Substantiv
– wenn es eine weibliche Person oder ein weibliches Tier bezeichnet
– ein Buchstabe ist
– auf **-a** endet
– auf **-dad, -ción, -sión, -tud** oder **-ez** endet

Männlich **oder** weiblich sind Personenbezeichnungen
– wenn sie auf **-ista, -ante, -(i)ente** enden

Tipp:
Am besten merken Sie sich jedoch das Geschlecht, wenn Sie jedes neue Substantiv gleich mit Artikel lernen.

Einige gebräuchliche Wörter sind weiblich und männlich, ohne ein natürliches Geschlecht zu haben. Gebraucht wird meist die männliche Form, die weibliche wird manchmal im regionalen oder literarischen Sprachgebrauch bevorzugt.

el calor/la calor	*die Hitze*
el mar/la mar	*das Meer, die See*

Die weibliche Form ist unter Küstenbewohnern üblich, ansonsten literarisch und drückt eine stärkere Verbundenheit mit dem Meer aus.

Das Wort **arte** ist in der Einzahl männlich und in der Mehrzahl weiblich.

el arte gótico	*die gotische Kunst*
las bellas artes	*die schönen Künste*

Je nach Genus (Geschlecht) können auch Unterschiede in Größe und Form ausgedrückt werden

el bolso	*die Handtasche*
la bolsa	*die (Papier-)Tüte, die leichte Tasche*
el cesto	*der hohe zweihenkelige Korb*
la cesta	*der weite Korb mit einem Henkel*
el jarro	*der einhenkelige Krug*

la jarra   *der Krug mit weiter Öffnung*
el barco   *das Schiff*
la barca   *das Boot, der Kahn*

oder ganz und gar verschiedene Bedeutungen.

el capital	*das Kapital*	**la capital**	*die Hauptstadt*
el cólera	*die Cholera*	**la cólera**	*der Zorn*
el cura	*der Pfarrer*	**la cura**	*die Kur*
el coma	*das Koma*	**la coma**	*das Komma*
el pendiente	*der Ohrring*	**la pendiente**	*der Abhang*
el frente	*die Front*	**la frente**	*die Stirn*

Leicht gemerkt!

Wenn Sie sich für eines der Wörter jeweils einen kurzen Merksatz ausdenken, werden Sie sie nicht so schnell wieder vergessen.

Merksatz:
La frente bietet mir die **Stirn.**
oder
La capital die Hauptstadt ist.

Die Pluralbildung

Wie im Deutschen wird auch im Spanischen zwischen Singular (Einzahl) und Plural (Mehrzahl) unterschieden.

Generell gilt im Spanischen: An Wörter, die auf einen Vokal enden, wird ein **-s** angehängt; an Wörter, die auf einen Konsonanten enden, wird ein **-es** angehängt.

Singular	Plural	Singular	Plural
el cuaderno	los cuaderno**s**	el árbol	los árbol**es**
la hora	las hora**s**	la flor	las flor**es**
el coche	los coche**s**	el doctor	los doctor**es**
la torre	las torre**s**	la nación	las nacion**es**

Bei Wörtern, die auf ein **-n** oder **-s** nach einem betonten Vokal enden, fällt bei der Pluralbildung der Akzent weg.

el biberón – los biberones   *das Babyfläschchen – die Baby-*
fläschchen

el autobús – los autobuses   *der Bus – die Busse*

Substantive, die auf ein **-s** nach einem unbetonten Vokal enden, bleiben im Plural unverändert.

el martes – los martes   *der Dienstag – die Dienstage*
el paraguas – los paraguas   *der Regenschirm – die Regenschirme*

An Substantive, die auf betontem **-í** oder **-ú** enden, wird ein **-es** angehängt.

el jabalí – los jabalíes   *das Wildschwein – die Wildschweine*
el hindú – los hindúes   *der Hindu – die Hindus*

Enden Substantive auf einen anderen, betonten Vokal, wird im Plural ein **-s** angehängt.

el sofá – los sofás   *das Sofa – die Sofas*
el bebé – los bebés   *das Baby – die Babys*

Wörter, die auf **-z** enden, bilden zwar den Plural regelmäßig mit **-es**, das **z** wird jedoch zu einem **c**.

el pez – los peces   *der Fisch – die Fische*
el lápiz – los lápices   *der Bleistift – die Bleistifte*
una vez – varias veces   *ein Mal – mehrere Male*

Die Pluralbildung von Fremdwörtern ist häufig unregelmäßig.

el club – los clubs/clubes   *der Klub – die Klubs*
el walkman – los walkmans   *der Walkman – die Walkmans*
el parking – los parkings   *der Parkplatz – die Parkplätze*

Einige Substantive können im Plural eine zweite Bedeutung haben.

el abuelo *der Großvater*   **los abuelos** *die Großeltern*

El abuelo

Los abuelos

el padre	*der Vater*	**los padres**	*die Eltern*
el hijo	*der Sohn*	**los hijos**	*die Kinder*
el hermano	*der Bruder*	**los hermanos**	*die Geschwister*
el suegro	*der Schwiegervater*	**los suegros**	*die Schwiegereltern*
la letra	*der Buchstabe*	**las Letras**	*die Geisteswissenschaften*

Einige Wörter bilden (grundsätzlich) keinen Plural.

el dinero	*das Geld*	**el sarampión**	*die Masern*
la ecología	*die Ökologie*		

Manche Substantive werden meist im Plural verwendet, auch wenn sie nur einen Gegenstand bezeichnen.

la(s) braga(s)	*der Schlüpfer*	**la(s) tenaza(s)**	*die Zange*
la(s) tijera(s)	*die Schere*	**el pantalón/los pantalones**	
			die Hose

 Bei manchen Wörtern, die im Deutschen immer im Singular bzw. Plural stehen, verhält es sich im Spanischen genau umgekehrt:

las gafas	*die Brille*	**la gente**	*die Leute*
las vacaciones	*der Urlaub*	**la pasta**	*die Nudeln*
los cubiertos	*das Besteck*	**la caspa**	*die Kopfschuppen*
los estudios	*das Studium*	**la luna de miel**	*die Flitterwochen*

Merksatz:
Gente que **come** pasta no **tiene** caspa.
Leute, die Nudeln essen, haben keine Schuppen.

Wortbildung im Spanischen

Lange, zusammengesetzte Wörter, wie Sie sie im Deutschen kennen und tagtäglich bilden, gibt es im Spanischen nur sehr selten. An ihrer Stelle findet man meist eigenständige Begriffe oder Wortkombinationen mit **de**.

el biberón	*das Babyfläschchen*
la botella de vino	*die Weinflasche*

Natürlich werden auch längere Wörter zusammengesetzt, häufig mit Hilfe von Vorsilben

la posguerra	*die Nachkriegszeit*
el descubrimiento	*die Entdeckung*
los antepasados	*die Vorfahren*
la independencia	*die Unabhängigkeit*

oder tatsächlich mit zwei Wörtern.

Latinoamérica	*Lateinamerika*
el ferrocarril	*die Eisenbahn*
el marcapáginas	*das Lesezeichen*
el cumpleaños	*der Geburtstag*

Sehr aktiv ist die spanische Sprache im Bereich der Verkleinerungs- und Vergrößerungsformen.

– Häufige Verkleinerungsformen sind **-ito, -cito, -ico, -illo** oder **-ín**; sie können auch Zärtlichkeit oder Sympathie ausdrücken.

arbolito	*Bäumchen*	**cochecito**	*Wägelchen*
ratico	*Weilchen*	**pajarillo**	*Vöglein*
chavalín	*Bübchen*		

– Die Endungen **-ón, -tón, -ote** oder **-azo** bilden die Vergrößerungsformen.

bofetón	*saftige Ohrfeige*	**hombretón**	*kräftiger Mann*
librote	*Wälzer*	**exitazo**	*Bombenerfolg*

– Endungen wie **-aco** oder **-ucho** drücken Geringschätzung aus.

libraco	*schlechtes Buch*	**papelucho**	*Wisch*

Leicht gemerkt!

Sie bilden den Plural in der Regel, indem Sie
– an einen Vokal ein **–s** hängen
– an einen Konsonanten ein **–es** hängen
Vergessen Sie nie, den Akzent eventuell wegzulassen oder das **z** vor **–e** und **–i** in ein **c** zu verwandeln.
Es gibt Substantive, die im Plural eine andere Bedeutung haben als im Singular.
Es gibt Substantive, die fast nur im Plural stehen.
Es gibt Substantive, die im Deutschen im Plural gebraucht werden, im Spanischen aber im Singular.

Tipp:
Versuchen Sie doch einmal, für jeden Punkt ein Beispiel zu finden. Dann wissen Sie gleich, was Sie sich gemerkt haben und was Sie demnächst wiederholen sollten.

Mit Substantiven kann man prima alleine spielen.
Suchen Sie sich möglichst viele Substantive aus einem Text
oder einem Wörterbuch und schreiben Sie sie auf Zettel.
Sortieren Sie sie erst in zwei Gruppen:
Substantive die ihnen gefallen und solche, die Sie gar nicht
mögen.
Dann sortieren Sie die Substantive jeder Gruppe nach ihrem
Genus: männlich oder weiblich.
Bilden sie anschließend die Plural- oder Singularformen..
Und wenn Sie wollen, sortieren Sie sie einmal nach Themen.
Natürlich sollen Sie das nicht alles hintereinander machen,
aber immer wieder. Nach einer gewissen Zeit haben Sie auf
diese Weise viele neue Wörter gelernt. Auch solche, die Sie
eigentlich ganz schrecklich fanden.

4 | Das Adjektiv

Die Adjektive begleiten meist die Substantive, um diese näher zu beschreiben oder zu identifizieren.

Im Bereich der Adjektive spielt die Verwendung der Verben **ser** und **estar** eine besonders wichtige Rolle. Notwendiges zur Gegenüberstellung finden Sie auf S. XX ff.

Die Formen des Adjektivs

In der Form verändern sich die Adjektive genauso wie das Substantiv, d. h. sie passen sich in Zahl und Geschlecht immer dem Substantiv an.

el chico simpático	**los chicos simpáticos**
la chica simpática	**las chicas simpáticas**

Dies ist immer der Fall, unabhängig davon, ob das Adjektiv direkt beim Substantiv oder hinter dem Verb steht.

el perro blanco	*der weiße Hund*
mi perro es blanco	*mein Hund ist weiß*

Die Adjektive lassen sich ihrer Form nach in zwei Gruppen zusammenfassen:

– Alle Adjektive, deren männliche Form im Singular auf **-o** endet, haben zwei bzw. mit dem Plural vier unterschiedliche Endungen.

el gato negro dann	**la gata negra**
	los gatos negros
	las gatas negras

– Bei allen anderen Adjektiven sind in der Regel die weibliche und männliche Form gleich.

el libro/la película **interesante**	*das interessante Buch/* *der interessante Film*
los libros/las películas **interesantes**	*die interessanten Bücher/* *Filme*
el traje/la blusa azul	*der blaue Anzug/die blaue Bluse*
los trajes/las blusas azules	*die blauen Anzüge/Blusen*
el hombre/la mujer joven	*der junge Mann/die junge Frau*
los hombres/las mujeres **jóvenes**	*die jungen Männer/Frauen*

| **el tulipán/la flor rosa** | *die rosa Tulpe/Blume* |
| **los tulipanes/las flores rosa** | *die rosa Tulpen/Blumen* |

Auch hier bestätigen die Ausnahmen die Regel:

– Bei Adjektiven, die auf **-án**, **-ín**, **-ón** oder **-or** enden, wird in der weiblichen Form ein **-a** angehängt. Gemäß den Betonungsregeln entfällt dann der grafische Akzent in der weiblichen Form sowie in den Pluralformen.

holgazán, holgazana	*faul*
parlanchín, parlanchina	*gesprächig*
cabezón, cabezona	*dickköpfig*
trabajador, trabajadora	*fleißig*

– Bei Adjektiven, die auf **-ete** oder **-ote** enden, wird der letzte Vokal durch ein **-a** ersetzt.

| **majete, majeta** | *nett* |
| **grandote, grandota** | *groß* |

– Bei Nationalitätsadjektiven, die auf einen Konsonanten enden, wird zur Bildung der weiblichen Form ein **-a** angehängt.

el vino español	*der spanische Wein*
– la vida española	*– das spanische Leben*
el estado alemán	*der deutsche Staat*
– la cerveza alemana	*– das deutsche Bier*
el estilo inglés	*der englische Stil*
– la lengua inglesa	*– die englische Sprache*

– Bei den Nationalitäten haben jedoch Adjektive mit den Endungen **-e, -a, -í** oder **-ú** sowohl im Singular als auch im Plural dieselbe Form für beide Geschlechter.

| **árabe(s)** | *arabisch* | **belga(s)** | *belgisch* |
| **marroquí(es)** | *marokkanisch* | **bantú(es)** | *bantuisch* |

! Bitte beachten Sie, dass nach den Grundregeln der Akzentsetzung im Spanischen bei Adjektiven mit einem Akzent auf der letzten Silbe dieser bei der Bildung der weiblichen Form durch das Anhängen des **-a** wegfällt.

| **francés – francesa** | *französisch* |
| **juguetón – juguetona** | *verspielt* |

Das sollten Sie sich merken:

Die Adjektive passen sich in Zahl und Geschlecht immer dem Substantiv an.

Bei Adjektiven, deren männliche Form auf **–o** endet, gilt:

Das Adjektiv,
es passt sich an:
-a, **-as** die Frau
-o, **-os** der Mann.

Sonst sind die männliche und weibliche Form im Singular und Plural gleich.
Die Farbadjektive **rosa**, **lila**, **naranja** und **violeta** sind unveränderlich.

Bei Adjektiven auf **–án**, **-ín**, **-ón**, **-or** wird bei der weiblichen Form ein **–a** angehängt und der Akzent entfällt.

Merksatz:
-or, **-ín**, **-ón**, **-án**,
ein **-a** muss dran

Die Stellung des Adjektivs

 Im Gegensatz zum Deutschen finden Sie das spanische Adjektiv im Allgemeinen hinter dem Substantiv.

un paisaje bonito	*eine schöne Landschaft*
un niño pequeño	*ein kleines Kind*
una casa grande	*ein großes Haus*

Natürlich gibt es auch hier Ausnahmen:

– Ordnungszahlen können sowohl vor als auch hinter dem Hauptwort stehen (▶ auch S. 54 f.).

el piso segundo   oder   **el segundo piso**   *der zweite Stock*

– Immer vorangestellt werden **mucho, -a**, **poco, -a** und **otro, -a** (▶ auch S. 109 f.).

mucho trabajo	*viel Arbeit*
pocas personas	*wenige Leute*
otra cosa	*eine andere Sache*

– Vorangestellte Adjektive sind ein Stilmittel in der literarischen Sprache; sie können aber auch eine typische Eigenschaft ausdrücken oder eine zweite, übertragene Bedeutung haben.

el frío invierno	*der kalte Winter* (innewohnende Eigenschaft)
una dulce mirada	*ein süßer Blick* (poetisch, übertragen)

– Bei einigen wenigen Adjektiven hat die Stellung eine bedeutungstragende Rolle.

un hombre pobre	*ein armer Mann* (ohne Geld)
aber	
un pobre hombre	*ein armer Kerl* (bedauernswert)
una mujer grande	*eine große Frau* (groß gebaut)
aber	
una gran mujer	*eine große Frau* (bedeutend, großartig)
una casa antigua	*ein altes Haus*
aber	
mi antigua casa	*mein früheres Haus/ meine frühere Wohnung*

Bitte beachten Sie, dass bei den folgenden, sehr gebräuchlichen Adjektiven die Endung **-o** der männlichen Form Singular wegfällt, wenn sie vorangestellt werden:

un coche bueno	aber	**un buen coche**	*ein gutes Auto*
tiempo malo	aber	**mal tiempo**	*schlechtes Wetter*
piso primero	aber	**primer piso**	*erster Stock*
puesto tercero	aber	**tercer puesto**	*dritte Stelle*

Bueno, **malo**, **primero** und **tercero** werden vor einem männlichen Substantiv verkürzt.

Merksatz:
A mal tiempo buena cara.
Gute Miene zum bösen Spiel.

Das Wort **grande** verliert im männlichen und weiblichen Singular die Endung **-de**, wenn es vor einem Substantiv steht.

una ciudad grande   *eine große Stadt*

aber

una gran ciudad   *eine Großstadt*

Das Wort **santo** verliert die Endung **-to** vor männlichen Eigennamen, sofern sie nicht mit Do- oder To- beginnen.

San José   *der heilige Josef*
San Juan   *der heilige Johannes*
San Francisco   *der heilige Franziskus*

aber

Santo Domingo   *der heilige Dominikus*
Santo Tomás   *der heilige Thomas*

Die Verstärkung des Adjektivs

Falls Sie der Meinung sind, dass ein Restaurant nicht einfach nur teuer, sondern sehr teuer ist, bietet Ihnen auch das Spanische die Möglichkeit, das zum Ausdruck zu bringen.

un restaurante caro   *ein teures Restaurant*
un restaurante muy caro *ein sehr teures Restaurant*
un restaurante carísimo *ein sehr sehr teures Restaurant*

Sowohl die Kombination **muy** + Adjektiv als auch die Endung **-ísimo, -a, -os, -as** sind sehr gebräuchliche Verstärkungen; die Letztere drückt einen noch höheren Grad der jeweiligen Eigenschaft aus.

muy viejo – viejísimo	*sehr alt – uralt*
muy interesante –	*sehr interessant – höchst/äußerst*
interesantísimo	*interessant*

Auch anhand folgender Kombinationen lassen sich Adjektive verstärken:

extraordinariamente valioso	*außerordentlich/äußerst wertvoll*
bastante importante	*ziemlich wichtig*
un poco aburrido	*etwas/ein bisschen langweilig*
poco frecuentado	*mäßig besucht*
no muy amable	*nicht sehr freundlich*
nada barato	*überhaupt nicht billig*

Einige Adjektive weisen bei der Hinzufügung von **-ísimo** Veränderungen in der Schreibweise auf.

g → gu	amargo	→	**amarguísimo**	*bitter*
	largo	→	**larguísimo**	*lang*
c → qu	**rico**	→	**riquísimo**	*reich*
	poco	→	**poquísimo**	*wenig*

Bei einigen Formen ändert sich der Stamm des Wortes.

amable	→	**amabilísimo**	*freundlich*
antiguo	→	**antiquísimo**	*alt*
fuerte	→	**fortísimo**	*stark*

Vergleich und Steigerung des Adjektivs

Der Vergleich

Zwei Personen oder Dinge miteinander zu vergleichen ist im
Spanischen sehr einfach:

Möchten Sie zum Beispiel sagen, dass ein bestimmtes Familienmitglied
genau so nett ist wie die übrige Familie, drücken Sie dies mit **tan...
como** oder **igual de... que** aus.

Es tan amable como toda la familia.	*Er/Sie ist so nett wie die ganze Familie.*
Es igual de amable que el resto de la familia.	*Er/Sie ist so nett wie die übrige Familie.*

Der Komparativ

Um Ungleichheit auszudrücken, verwenden Sie einfach das Adjektiv
mit den Wörtchen **más... que** *(mehr)* oder **menos... que** *(weniger)*.

Este piso es más barato que el otro.	*Diese Wohnung ist billiger als die andere.*
La película es menos interesante que la novela.	*Der Film ist weniger interessant als der Roman.*

Bei einer Reihe von Adjektiven findet man sowohl eine regelmäßige
als auch eine unregelmäßige Steigerungsform.

bueno → mejor	**Este piso es mejor que el otro.**
gut · besser	*Diese Wohnung ist besser als die andere.*
aber	
bueno → más bueno	**Mateo es más bueno que su primo Jorge.**
artig, brav · artiger	*Mateo ist artiger als sein Cousin Jorge.*
malo → peor	**La película es peor que la novela.**
schlecht · schlechter	*Der Film ist schlechter als der Roman.*
aber	
malo → más malo	**A veces las chicas son más malas que los chicos.**
ungezogen · ungezogener	*Manchmal sind die Mädchen ungezogener als die Jungen.*

grande → mayor	**Este proyecto es de mayor importancia que el otro.**
groß · größer (wichtiger)	*Dieses Projekt ist von größerer Bedeutung als das andere.*
grande → más grande	**Mi piso es más grande que el tuyo.**
größer (z.B. an Umfang)	*Meine Wohnung ist größer als deine.*
pequeño → menor	**Es un error de menor importancia.**
klein · kleiner (geringer)	*Das ist ein Fehler von geringerer Bedeutung.*
pequeño → más pequeño	**Esta maleta es más pequeña que la otra.**
kleiner (z.B. an Umfang)	*Dieser Koffer ist kleiner als der andere.*

Mayor und **menor** werden oft im Zusammenhang mit dem Alter gebraucht.

Yo ya soy mayor de edad.	*Ich bin schon volljährig.*
Ella todavía es menor de edad.	*Sie ist noch minderjährig.*
un mayor/una mayor	*ein Volljähriger/eine Volljährige*
un menor/una menor	*ein Minderjähriger/eine Minderjährige*
mi hija/hijo mayor	*mein ältester Sohn/meine älteste Tochter*
mi hermano/hermana mayor	*mein älterer Bruder/meine ältere Schwester*
un señor mayor/ una señora mayo	*ein älterer Herr/eine ältere Dame*

Einige Wörter drücken schon in der Grundform eine Steigerung aus.

superior	*höher*	**inferior**	*niedriger*
excelente	*erstklassig*	**precioso**	*wunderschön*
maravilloso	*wunderbar*	**extraordinario**	*außergewöhnlich*

Bei Zahlen gelten andere Regeln: Verglichen wird bei diesen mit **más de**, während es bei **más que** zu einer Bedeutungsveränderung kommt.

Tienen más de noventa años.	*Sie sind über neunzig Jahre alt.*

aber

No tengo más que mil euros en el banco.	*Ich habe nur tausend Euro auf der Bank.*

Der Superlativ

Genauso leicht ist auch die Bildung des relativen Superlativs im Spanischen. Der bestimmte Artikel vor der Steigerungsform reicht, um eine schon wichtigere Sache in die Wichtigste zu verwandeln.

Es la más lista (de todos).	*Sie ist am klügsten (von allen).*
Es el menos rápido.	*Er ist am wenigsten schnell (= am langsamsten).*
Somos los mejores.	*Wir sind die Besten.*
Estos son los más grandes/ los mayores.	*Diese sind am größten.*

Den absoluten Superlativ bilden Sie, indem Sie die Endung **-ísimo (-a, -os**, **-as)** an den Stamm des Adjektivs anhängen.

caro	→	**carísimo**	*sehr sehr teuer*
fino	→	**finísimo**	*sehr sehr fein*
rápido	→	**rapidísimo**	*sehr sehr schnell*

! Beachten Sie, dass der Akzent gemäß den Betonungsregeln gesetzt werden muss.

Das substantivierte Adjektiv

In Verbindung mit **lo** ist das Adjektiv substantiviert und somit etwas Abstraktes.

Lo malo es que lo olvido todo.	*Das Schlimme ist, dass ich alles vergesse.*
Lo difícil es ponerlo en práctica.	*Das Schwierige ist, es anzuwenden.*

Leicht gemerkt!

Wir vergleichen mit dem Ausdruck **más... que/menos... que** *(mehr/ weniger ... als)*.

Aufgepasst: bei Zahlen heißt es **más de...**

Merksatz:
Bei Zahl **más de**... sonst tut es weh.

Den absoluten Superlativ bilden wir mit der Endung **–ísimo.**

Bei Adjektiven wie **amargo, largo**, **rico** und **poco**, wo die Schreibweise verändert werden muss, hilft der Merksatz:
g wird **gu** und **c** wird **qu**.

5 | Das Adverb

Mit Hilfe des Adverbs, auch Umstandswort genannt, können wir die Umstände einer Handlung ausdrücken: Orts- oder Zeitangaben, Aussagen über die Art und Weise des Geschehens, über die Menge oder des Zweifels helfen uns, einer Handlung den richtigen Rahmen zu geben.

Im Deutschen finden wir sehr häufig ein Adjektiv, das als Adverb fungiert. In diesem Fall wird nicht ein Substantiv, sondern das Verb des Satzes beschrieben, z. B. wenn Sie sagen, dass der ICE *schnell* fährt oder Ihre Freunde *gut* erzählen können. Daneben gibt es natürlich auch reine Adverbien mit einer eigenen Form wie z. B. *schon*, *heute*, *hier*, *sofort* oder *oft*. Mal schauen, wie das Ganze auf Spanisch aussieht.

Die Formen des Adverbs

Nur bei sehr wenigen Adverbien stimmt die Form mit der des Adjektivs überein.

un tren rápido	*ein schneller Zug*
un tren lento	*ein langsamer Zug*

aber

hablar rápido/rápidamente	*schnell sprechen*
hablar lentamente/despacio	*langsam sprechen*

Meist werden die Adverbien durch das Anhängen von **-mente** an die feminine Form des Adjektivs gebildet.

lento, lenta	→	**lentamente**	*langsam*
terrible	→	**terriblemente**	*schrecklich*
feliz	→	**felizmente**	*glücklich*

Natürlich verfügt auch das Spanische über Adverbien mit einer eigenen, nicht vom Adjektiv abgeleiteten Form; in diesem Fall spricht man von den *ursprünglichen* Adverbien.

pronto	*früh, bald*	**aquí**	*hier*
siempre	*immer*	**así**	*so*

Neben diesen gibt es außerdem die adverbialen Ausdrücke, bei denen mehrere Elemente zusammen als Adverb fungieren.

de repente	*plötzlich*	**sin embargo**	*trotzdem*
a menudo	*oft*	**a veces**	*manchmal*

Adverbien werden allein gebraucht oder mit Adjektiven kombiniert, z. B. zur Verstärkung.

Lo lamento enormemente.	*Es tut mir außerordentlich Leid.*
Es enormemente peligroso.	*Es ist äußerst gefährlich.*

Wie im Deutschen auch sind Adverbien grundsätzlich unveränderlich.

Habla lentamente.	*Er/Sie spricht langsam.*
Hablan lentamente.	*Sie sprechen langsam.*

 Vorsicht bei der Übersetzung von *sehr*. Hier verfügt das Spanische über zwei Wörter: **mucho** und **muy**. Direkt beim Verb als Adverb wird **mucho** verwendet; **muy** dagegen steht immer in Kombination mit einem weiteren Adverb oder einem Adjektiv. Wie die Adverbien ist auch **muy** unveränderlich (zum Gebrauch von **mucho** ▶ S. 109 f.).

Nos gusta mucho.	*Es gefällt uns sehr.*
Te echo mucho de menos.	*Ich vermisse dich sehr.*
Siempre saludan muy cariñosamente.	*Sie grüßen immer sehr herzlich.*
Mi hermano es muy alto.	*Mein Bruder ist sehr groß.*

Im Spanischen gibt es zwei Wörter für das deutsche *gut*: **bueno, -a** als Adjektiv und **bien** als Adverb.

¡Qué comida tan buena!	*Was für ein gutes Essen!*
¡Qué bien sabe!	*Wie gut es schmeckt!*

Die Bedeutung des Adverbs

Die Adverbien lassen sich inhaltlich in die folgenden Gruppen einteilen:

Modaladverbien

Die Modaladverbien drücken die Art und Weise einer Handlung aus. Oft werden sie von Adjektiven abgeleitet.

bien	*gut*	**así**	*so*
lógicamente	*logisch*	**con cuidado**	*vorsichtig*
despacio	*langsam*	**con gusto**	*gerne*

Temporaladverbien

Durch die Temporaladverbien wird die Zeit ausgedrückt.

antes	*früher*	**actualmente**	*zur Zeit*
hoy en día	*heutzutage*	**antiguamente**	*ehemals*
últimamente	*neulich, in letzter Zeit*	**finalmente**	*schließlich*
temprano	*früh*	**tarde**	*spät*
luego	*später, nachher*	**entonces**	*dann, danach*
más tarde	*später*	**pronto**	*bald, früh, demnächst*
a menudo	*oft, häufig*	**con frecuencia**	*oft, häufig*
muchas veces	*oft, häufig*	**a veces**	*manchmal*
casi nunca	*selten*	**nunca, jamás**	*nie, niemals*
hoy	*heute*	**ayer**	*gestern*
anteayer	*vorgestern*	**mañana**	*morgen*
anoche	*gestern Abend/ Nacht*	**aún, todavía**	*noch*
ya	*schon*	**de repente**	*plötzlich*

Lokaladverbien

Die drei wichtigsten Lokaladverbien oder auch *Ortsbestimmungen* sind:

aquí, acá	*hier*	bezieht sich auf einen Punkt in der unmittelbaren Nähe des Sprechers
ahí	*da*	bezieht sich auf einen Punkt in der Nähe des Gesprächspartners
allí, allá	*dort*	bezieht sich auf einen Punkt, der von beiden Gesprächspartnern weit entfernt ist

Zu dieser Gruppe gehören außerdem:

arriba ↔ **abajo**	*oben* ↔ *unten*
(hacia) adelante ↔ **(hacia) atrás**	*nach vorne, vorwärts* ↔ *nach hinten, rückwärts*
delante ↔ **detrás**	*vorne* ↔ *hinten*
encima ↔ **debajo**	*obendrauf* ↔ *untendrunter*
a la derecha ↔ **a la izquierda**	*(nach) rechts* ↔ *(nach) links*
al lado	*daneben*
enfrente	*gegenüber*
dentro ↔ **fuera**	*innen* ↔ *(dr)außen*
cerca ↔ **lejos**	*nah, in der Nähe* ↔ *weit weg*
por aquí (cerca)	*hier in der Nähe*
a casa	*nach Hause*
en casa	*zu Hause*
de casa	*von zu Hause*
en el centro	*in der Mitte*
al fondo	*ganz hinten, im Hintergrund*
al final	*am Ende*
en la esquina	*an der Ecke*
a la vuelta de la esquina	*um die Ecke*
todo seguido	
todo recto	*immer geradeaus*
todo derecho	
de frente	

 Spanisch geht mit Lokaladverbien sparsamer um als die deutsche Sprache. Wenn Sie eine gerade erwähnte Ortsangabe nicht wiederholen möchten, können Sie diese einfach weglassen.

¿Qué pasa con la representación?	*Was ist mit der Theateraufführung?*
¿No querías ir?	*Wolltest du nicht hin?*

Adverbien der Menge

Viele Adverbien dieser Gruppe sind identisch mit den Indefinitpronomen (▶ S. 109 f.). Trotzdem sollten Sie auch bei diesen daran denken, dass sie als Adverbien unveränderlich sind.

algo	*etwas*	**poco**	*wenig*	**nada**	*nichts*
mucho	*viel*	**demasiado**	*zu (viel)*	**más**	*mehr*
menos	*weniger*	**suficiente**	*genug*	**casi**	*fast*

apenas	kaum	bastante	ziemlich, genug	tanto	so viel
tan	so	muy	sehr	sólo/sola-mente	nur

Leicht gemerkt!

Wenn Ihnen der Gebrauch von **muy** und **mucho** Probleme bereiten sollte, so merken Sie sich:

Muy steht mit einem Adverb oder Adjektiv.
Mucho steht direkt beim Verb.

Vielleicht können Sie sich das mit Hilfe der Liebe zwischen Herr und Frau Forelle einprägen.

Merksatz:
Te quiero como la trucha al trucho. Te quiero mucho, mucho, mucho.
Oder Sie denken an das bekannte Lied **"Bésame, bésame mucho..."**

Adverbien der Bejahung und Verneinung

Eine sehr kleine, aber wichtige Gruppe:

sí	ja	no	nein
también	auch	tampoco	auch nicht

Adverbien des Zweifels

Im Spanischen gibt es gleich mehrere Adverbien mit der Bedeutung *vielleicht*:

acaso	quizá	quizás
tal vez	a lo mejor	

Leicht gemerkt!

Es gibt verschiedene Arten von Adverbien (der Art und Weise, der Zeit, des Ortes, der Menge, der Bejahung und Verneinung, des Zweifels).
Um sich die vielen kleinen Wörter besser zu merken, können Sie sie sortieren:
Sie merken sich immer die Gegensätze:
temprano (früh) – **tarde** (spät)
Sie zeichnen sich eine Treppe und schreiben auf jede Stufe ein Wort:
nada – algo – poco – suficiente – mucho – demasiado
(nichts – etwas – wenig – genug – viel – zu viel)

Vergleich und Steigerung des Adverbs

Der Vergleich

Wie die Adjektive können auch viele Adverbien verglichen werden. In der Regel dienen dazu die Konstruktionen **tan... como** und **igual de... que.**

Tocas bien el piano.	*Du spielst gut Klavier.*
Tocas el piano tan **bien** como **ella.**	*Du spielst genauso gut Klavier wie sie.*
Hoy salgo tarde del trabajo.	*Heute komme ich spät von der Arbeit.*
Mañana salgo del trabajo igual de **tarde** que **hoy.**	*Morgen komme ich genauso spät von der Arbeit wie heute.*

Achten Sie darauf, dass bei einem Vergleich des Adverbs **mucho** ein Sonderfall eintritt und die korrekte Konstruktion in diesem Fall **tanto... como** ist.

Pagamos mucho por el piso.	*Wir zahlen viel für die Wohnung.*
Pagamos tanto **por el piso** como **vosotros.**	*Wir zahlen so viel für die Wohnung wie ihr.*

Der Komparativ

Der Komparativ der Adverbien wird – wie bei den Adjektiven – mit der Konstruktion **más... que** bzw. **menos... que** gebildet.

Ayer hemos terminado deprisa.	*Gestern sind wir schnell fertig geworden.*
Hoy hemos terminado más **deprisa** que **ayer.**	*Heute sind wir schneller fertig geworden als gestern.*
En verano salgo a menudo.	*Im Sommer gehe ich oft aus.*
En invierno salgo menos **a menudo** que **en verano.**	*Im Winter gehe ich weniger aus als im Sommer.*

Wie bei den Adjektiven haben nur sehr wenige Adverbien eine unregelmäßige Steigerung.

bien	→	**mejor**	*gut*	→	*besser*
mucho	→	**más**	*viel*	→	*mehr*
mal	→	**peor**	*schlecht*	→	*schlechter*
poco	→	**menos**	*wenig*	→	*weniger*

Die Verbindung **más bien** bedeutet *eher*.

- **En vacaciones se levantan**   *Im Urlaub stehen sie eher spät auf.*
  más bien tarde.

Der Superlativ

Die Konstruktion *am -sten* gibt es im Spanischen nicht. Um den Superlativ eines Adverbs zu bilden, ist ein einfacher Relativsatz nötig.

Es el que mejor lo hace.   *Er macht es am besten.*

Siempre eres la que más tarde   *Du gehst immer als Letzte ins Bett.*
  se acuesta.

Los que más han gastado en   *Diejenigen, die im Urlaub am meis-*
  las vacaciones tienen ahora   *ten ausgegeben haben, müssen*
  que ahorrar.   *jetzt sparen.*

 Bitte achten Sie auf die für den Deutschen ungewöhnliche Verwendung des Superlativs in der folgenden Konstruktion:

  Te llamaré lo más pronto   *Ich werde dich möglichst*
    posible.   *bald anrufen.*

  Me han ayudado lo más   *Sie haben mir so viel*
    posible.   *wie möglich geholfen.*

6 | Die Zahlen

Ob Sie nach der Uhrzeit, dem Datum oder dem Alter fragen, einkaufen gehen oder einen Zug nehmen: Die Zahlen sind so wichtig, dass wir ihnen ein eigenes Kapitel gewidmet haben.

Die Grundzahlen

Die spanischen Zahlen werden anders zusammengesetzt als im Deutschen. Zweiunddreißig z. B. heißt auf Spanisch **treinta y dos** – *dreißig und zwei*. Welche Unterschiede gibt es sonst noch zum deutschen Zahlensystem? – Nun, das Spanische verfügt bis zu der Zahl Fünfzehn über eigene Formen, während im Deutschen ab der Dreizehn die Zahlen zusammengesetzt werden. Aber sehen Sie selbst!

0	cero	16	dieciséis	30	treinta
1	uno/un/una	17	diecisiete	31	treinta y uno/
					treinta
2	dos	18	dieciocho		y un/treinta y
					una
3	tres	19	diecinueve	32	treinta y dos
4	cuatro	20	veinte	40	cuarenta
5	cinco	21	veintiuno/	50	cincuenta
6	seis		veintiún/veintiuna	60	sesenta
7	siete	22	veintidós	70	setenta
8	ocho	23	veintitrés	80	ochenta
9	nueve	24	veinticuatro	90	noventa
10	diez	25	veinticinco	99	noventa y nueve
11	once	26	veintiséis		
12	doce	27	veintisiete		
13	trece	28	veintiocho		
14	catorce	29	veintinueve		
15	quince				

100	cien	1.000		mil
101	ciento uno/ciento un/ ciento una	1.001		mil uno/mil un/mil una
102	ciento dos	2.000		dos mil
110	ciento diez	3.000		tres mil
199	ciento noventa y nueve	10.000		diez mil
200	doscientos/doscientas	100.000		cien mil
201	doscientos uno/doscientos un/doscientas una	1.000.000		un millón (de)
		2.000.000		dos millones (de)
300	trescientos/trescientas			
400	cuatrocientos/cuatrocientas	1.000.000.000		mil millones (de)
500	**quinientos/quinientas**	1.000.000.000.000		un billón (de)
600	seiscientos/seiscientas	33.572.103		treinta y tres millones quinientos setenta y dos mil ciento tres
700	setecientos/setecientas			
800	ochocientos/ochocientas			
900	novecientos/novecientas			

 Um die Zahlen bald zu beherrschen, bauen Sie verschiedene spielerische Übungen in Ihren Alltag ein: Sie zählen die Gegenstände, die Sie beim Einkauf in den Einkaufswagen legen, Sie zählen Ihre Schritte von A nach B, die Treppenstufen, die sie erklimmen oder die Menschen, die Ihnen unterwegs begegnen. Auch die Schäfchen zählen Sie auf Spanisch, falls Sie einmal nicht einschlafen können.

Etwas mehr Konzentration verlangt Ihnen die Zahlenkette ab. Sie notieren sich eine Zahl, z.B. **87,** und bilden aus der letzten Ziffer wieder eine neue Zahl, z.B. **72,** daraus entsteht eine Zahl mit **2**0, usw.

Wie Sie sehen, ist das Zahlensystem logisch aufgebaut und deshalb einfach zu lernen. Um Fehler zu vermeiden, sollten Sie sich außerdem die folgenden Punkte einprägen:

– Zahlen sind grundsätzlich männlich.

el uno   *die Eins*   **el quince**   *die Fünfzehn*

– Die Zahl **uno** wird vor männlichen Substantiven zu **un** verkürzt, vor weiblichen Substantiven erhält es die Endung **-a**. Dies gilt natürlich auch für alle zusammengesetzten Formen, die auf **uno** enden.

un coche   *ein Auto*
veintiún años   *einundzwanzig Jahre*
treinta y una preguntas *einunddreißig Fragen*
ciento un euros   *einhundertundein Euro*

– Mit **y** werden die Einer mit den Zehnern verbunden.

dieci**siete**	*siebzehn*
veinti**cinco**	*fünfundzwanzig*
treinta y tres	*dreiunddreißig*
ciento cuarenta y nueve mil	*hundertneunundvierzigtausend*

aber

mil ciento ocho	*tausendeinhundertundacht*

– Die Zahlen mit 5 sollten Sie sich wegen der unregelmäßigen Formen besonders genau anschauen!

cinco	*fünf*	**quince**	*fünfzehn*
cincuenta	*fünfzig*	**quinientos**	*fünfhundert*

– Folgt nach der 100 eine Zahl, gebraucht man **ciento**. 100 vor einem Substantiv heißt **cien**.

ciento diez *hundertzehn*	**cien bolsas**	*hundert Tüten*

– Ab 200 unterscheiden auch die Hunderter eine männliche und eine weibliche Form.

quinientos mil habitantes	*fünfhunderttausend Einwohner*
doscientas personas	*zweihundert Personen*

– **Cien** und **mil** sind als Zahlen unveränderlich und werden nie mit dem unbestimmten Artikel **un** verwendet.

– **Millón** ist männlich, heißt im Plural **millones** und wird mit der Präposition **de** gebraucht, wenn ein Substantiv unmittelbar folgt.

un millón de habitantes	*eine Million Einwohner*

aber

dos millones trescientos mil pesos	*zwei Millionen dreihunderttausend Pesos*

Leicht gemerkt!

Grundzahlen		
uno	wird vor männlichen Substantiven zu **un** verkürzt	**un libro**
bis zur Zahl 15	besteht jede aus einem eigenen Wort	**uno**, **dos**, **tres**, etc.
dieciséis	setzt sich aus **diez y seis** zusammen	
veintiocho	setzt sich aus **veinte y ocho** zusammen	
ab 30	werden alle Zahlen auseinander geschrieben	**treinta y dos**
y	verbindet nur Zehner und Einer	**doscientos cuarenta y siete**
cien	steht alleine oder vor einem Substantiv	**cien libros**, **cien páginas**
ciento	steht vor einer Zahl	**ciento cincuenta y siete**
doscientos/-as	ab **200** richten sich die Hunderter im Genus nach dem Substantiv	**doscientos alumnos**, **doscientas profesoras**
quinientos/-as setecientos/-as novecientos/-as	fallen bei den Hunderten aus dem Rahmen	
un millón/billón	wird durch **de** mit einem Substantiv verbunden	**¡Un millón de gracias!** **un billón de dólares**

Zahlen im Kontext

Das Alter wird mit dem Verb **tener** angegeben.

¿Cuántos años tienes?	*Wie alt bist du?*
Tengo treinta y un años.	*Ich bin einunddreißig.*

Die Häufigkeit kann mit Hilfe von **vez** oder **cada** angegeben werden.

una vez/dos veces a la semana	*einmal/zweimal pro Woche*
cada cinco días	*alle fünf Tage*

Das Datum wird mit der Grundzahl und der Präposition **de** vor dem Monatsnamen angegeben. Eine Ausnahme ist der 1. Tag im Monat, der auch mit **primero** ausgedrückt werden kann. Dabei ist auch zu beachten, dass Jahre als ganz normale Zahlen behandelt werden.

¿Qué día es hoy?	*Der Wievielte ist heute?*
Hoy es el tres de marzo de	*Heute ist der dritte März*
dos mil ocho.	*zweitausendundacht.*
Es el uno/primero de enero.	*Heute ist der erste Januar.*

Bei der Hausnummer steht gewöhnlich ein Komma nach der Angabe der Straße.

Vivo en la Gran Vía, 148.	*Ich wohne in der Gran Vía 148.*

Die Telefonnummer wird meist mit dem Verb **ser** angegeben.

Mi número es el tres cincuenta	*Meine Nummer lautet drei vier-*
y cuatro veintisiete.	*undfünfzig siebenundzwanzig.*

Neben den Zahlen selbst können Sie auch mit den folgenden Wörtern Mengen ausdrücken:

una docena	*ein Dutzend*	**una decena**	*zehn*
un centenar	*hundert*	**un millar**	*tausend*
cientos	*Hunderte*	**miles**	*Tausende*

Die Uhrzeit

Die Uhrzeit wird mit den Grundzahlen mit voranstehendem Artikel angegeben.

Es la una.	*Es ist ein Uhr.*
Son las dos.	*Es ist zwei Uhr.*
Son las tres.	*Es ist drei Uhr.*
Son las cuatro.	*Es ist vier Uhr.*
...	*...*
Son las doce.	*Es ist zwölf Uhr.*

Son las cinco menos veinticinco.

... menos diez.

... menos cinco.

Son las tres y cuarto.

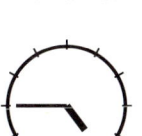

Son las cinco menos cuarto.

Son las doce y media.

 Hoy tengo clase desde las nueve hasta la una.

● aber

Hoy tengo clase de nueve a una.

Außer für offizielle Angaben (Abfahrtzeiten, Fernsehprogramm u. Ä.) wird das Zwölfstundensystem verwendet. Wenn aus dem Kontext nicht ersichtlich ist, ob es sich um vormittags oder abends handelt, wird diese Angabe hinzugefügt.

El tren sale a las 14:38. *Der Zug fährt um 14:38 ab.*

Me llamó a las cuatro de la mañana. *Er/Sie rief mich um vier Uhr morgens an.*

Beachten Sie, dass **y media** sich auf die darauf folgende Stunde bezieht.

In Lateinamerika gibt es eine weitere Möglichkeit, zu sagen, dass noch einige Minuten zur vollen Stunde fehlen.

Faltan veinticinco para las cinco.

Faltan diez para las cinco.

Leicht gemerkt!

Uhrzeit:	
es la una	nur bei 1 Uhr steht das Verb im Singular
son las dos	ab 2 Uhr steht das Verb im Plural
son las seis y cuarto	„Viertel nach ..." = volle Stunde + **y cuarto**
son las seis y media	„halb ..." = volle Stunde + **y media**
son las siete menos cuarto	„Viertel vor..." = **neue** volle Stunde + **menos cuarto**

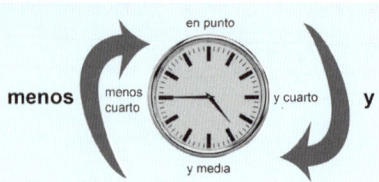

Die Ordnungszahlen

Im Spanischen sind die Ordnungszahlen nur bis zur Zahl 10 gebräuchlich.

primero, -a, primer	1°, 1^a, 1er	sexto, -a	6°, 6^a
segundo, -a	2°, 2^a	sé(p)timo, -a	7°, 7^a
tercero, -a, tercer	3°, 3^a, 3er	octavo, -a	8°, 8^a
cuarto, -a	4°, 4^a	noveno, -a	9°, 9^a
quinto, -a	5°, 5^a	décimo, -a	10°, 10^a

Normalerweise wird bei Zahlen über Zehn jedoch die Grundzahl verwendet.

el (número)/la veintisiete   *der/die siebenundzwanzigste*
el capítulo veintisiete   *das siebenundzwanzigste Kapitel*

Beim Gebrauch der Ordnungszahlen sollten Sie sich merken, dass

– Ordnungszahlen vor- oder nachgestellt werden können. In der Regel stehen sie jedoch – im Gegensatz zu den meisten Adjektiven – vor dem Substantiv.

La cafetería se encuentra en la primera planta/en la planta primera.   *Die Cafeteria befindet sich in der ersten Etage.*

– sich die Ordnungszahlen in Geschlecht und Zahl immer nach dem Substantiv richten.

Sólo he visto la primera parte del dvd. *Ich habe nur den ersten Teil der DVD gesehen.*

– **primero** und **tercero** vor einem männlichen Substantiv die Endung **-o** verlieren.

Vivo en el primer/tercer piso. *Ich wohne im ersten/dritten Stock.*

– Ordnungszahlen nie mit einem Punkt, sondern immer mit der hochgestellten Endung geschrieben werden.

1º (primero), 1ª (primera), 1ᵉʳ (primer)

Die Ordnungszahlen verwendet man sehr häufig zur Angabe

– des Stockwerks, eventuell sogar der Wohnung.

Vivimos en el 3º, 5ª. *Wir wohnen im 3. Stock, Tür Nr. 5.*

– der Position in einer Rangliste.

El equipo argentino consiguió el primer puesto. *Die argentinische Mannschaft erreichte den ersten Platz.*
España quedó tercera. *Spanien wurde Dritter.*

– eines Herrschernamens oder bestimmter historischer Daten.

Carlos V *Karl V.*
el Papa Pablo II *Papst Paul II.*
la Segunda Guerra Mundial *der Zweite Weltkrieg*

 Im Spanischen steht hinter der römischen Zahl kein Punkt.

Leicht gemerkt!

Ordnungszahlen

Im Spanischen werden die Ordnungszahlen normalerweise nur bis zur Zahl **10** gebraucht.

Primero und **tercero** werden vor männlichen Substantiven zu **primer** und **tercer** verkürzt.

Hinter römischen Zahlen steht kein Punkt.

7 | Das Verb: Die Zeiten

Mit den Verben drücken wir unsere Handlungen aus. So vielfältig wie diese sind auch die Ausdrucksmöglichkeiten der Sprache. Ob Sie sagen wollen, dass Sie gerade Spanisch lernen, gestern gearbeitet haben, aus der Kaffeepause kommen oder wohin Sie in Urlaub fahren werden – mit dem Verb in der entsprechenden Form lässt sich über die Grundbedeutung hinaus noch vieles andere sagen.

Die Bedeutung des Verbs finden Sie immer im Stamm des Wortes. Dieser Stamm steht jedoch nie allein: An ihm hängen die Endungen, die uns Informationen über die eigentliche Bedeutung hinaus geben. Die Endungen **-ar** (Verben der 1. Gruppe), **-er** (Verben der 2. Gruppe) oder **-ir** (Verben der 3. Gruppe) hinter dem Stamm eines Verbs weisen z. B. darauf hin, dass es sich um den Infinitiv eines Verbs handelt und zeigen uns damit, nach welchem Schema das Verb konjugiert (gebeugt) wird.

Was kann sonst noch durch die Endung ausgedrückt werden? Zuerst einmal, in welcher Zeit eine Handlung stattfindet, dann natürlich, welche Person es ist, die agiert, und nicht zuletzt, ob es sich bei einer Aussage um eine Behauptung, eine Bedingung, einen Befehl, oder eine Vermutung handelt.
In den folgenden zwei Kapiteln werden die Formen und der Gebrauch der Verben behandelt. Außerdem finden Sie im Anhang eine ausführliche Darstellung sämtlicher Verbformen.

Voll-, Modal- und Hilfsverben

Nicht alle Verben weisen die gleiche Informationsdichte auf. Die so genannten Vollverben werden Ihnen inhaltlich sehr viel mehr mitteilen als z. B. ein Hilfs- oder Modalverb.

Unter den Vollverben können Sie folgende Arten unterscheiden:

– Die transitiven Verben. Sie haben ein direktes Objekt, das Sie mit der Frage *wen oder was?* leicht ausfindig machen können.

Aprendemos español.	*Wir lernen Spanisch.*
Compro flores.	*Ich kaufe Blumen.*
Leo el periódico.	*Ich lese Zeitung.*

– Die intransitiven Verben. Sie haben entweder kein oder aber ein indirektes Objekt. Mit der Frage *wem oder was?* können Sie überprüfen, ob ein indirektes Objekt angeschlossen ist.

Este pastel me gusta.	*Dieser Kuchen schmeckt mir gut.*
¿Vamos al cine?	*Gehen wir ins Kino?*
Nadan en el lago.	*Sie schwimmen im See.*

– Die reflexiven Verben (auch rückbezügliche Verben genannt). Hier bezieht sich die Handlung auf das Subjekt.

¡No te enfades!	*Ärgere dich nicht!*
Me lavo.	*Ich wasche mich.*
Nos vestimos.	*Wir ziehen uns an.*

– Die unpersönlichen Verben. Sie kommen nur in der 3. Person Singular vor.

¡Cómo llueve!	*Wie es regnet!*
Ha nevado.	*Es hat geschneit.*
Ya no hay pan.	*Es gibt kein Brot mehr.*

Neben den Vollverben gibt es auch im Spanischen die Modalverben. Sie werden mit dem Infinitiv anderer Verben kombiniert.

¿Puede ayudarme?	*Können Sie mir helfen?*
Tengo que trabajar.	*Ich muss arbeiten.*
Deberías salir más.	*Du solltest häufiger ausgehen.*
Aquí no se puede fumar.	*Hier darf man nicht rauchen.*
¿Me dejas leer el periódico?	*Lässt du mich die Zeitung lesen?*
¿Quieres tomar otro café?	*Willst du noch einen Kaffee trinken?*

Eine dritte Gruppe bilden die Hilfsverben. Diese verzichten ganz auf ihre eigene Bedeutung und dienen in der Kombination mit anderen Verben zur Bildung der Zeiten. Im Deutschen sind das gleich mehrere Verben (ich *bin* aufgestanden, ich *hätte* dich gerne gesprochen, wir *werden* bald kommen), während im Spanischen die zusammengesetzten Zeiten mit nur einem Hilfsverb, **haber**, gebildet werden.

Das Präsens

Das Präsens wird gebildet, indem folgende Endungen an den Stamm angehängt werden:

Presente – Präsens			
	-ar	**-er**	**-ir**
	hablar	**aprender**	**vivir**
yo	habl**o**	aprend**o**	viv**o**
tú	habl**as**	aprend**es**	viv**es**
él/ella/usted	habl**a**	aprend**e**	viv**e**
nosotros/nosotras	habl**amos**	aprend**emos**	viv**imos**
vosotros/vosotras	habl**áis**	aprend**éis**	viv**ís**
ellos/ellas/ustedes	habl**an**	aprend**en**	viv**en**

Leicht gemerkt!

Merksatz:
Der Gruppen haben Verben drei
-ar, **-er**, **-ir**,
wir sind dabei.

Abgesehen von diesen regelmäßigen Formen weisen viele Verben bei der Bildung des Präsens Unregelmäßigkeiten auf. Diese Unregelmäßigkeiten sollten Sie sich sorgfältig einprägen, da sie nicht nur für den richtigen Gebrauch des Präsens von Bedeutung sind, sondern auch bei der korrekten Bildung anderer Zeiten helfen, die vom Präsens abgeleitet werden. Die wichtigsten Abweichungen sind

– Vokalveränderungen bei der 1., 2. und 3. Person Singular und bei der 3. Person Plural. Die Formen der 1. und 2. Person Plural sind dagegen immer regelmäßig;

contar ‹o → ue›	entender ‹e → ie›	repetir ‹e → i›
c**ue**nto	ent**ie**ndo	rep**i**to
c**ue**ntas	ent**ie**ndes	rep**i**tes
c**ue**nta	ent**ie**nde	rep**i**te
contamos	entendemos	repetimos
contáis	entendéis	repetís
c**ue**ntan	ent**ie**nden	rep**i**ten
Diese Unregelmäßigkeiten kommen bei allen Verbgruppen vor,		diese nur bei Verben auf **-ir**.

– rein orthographische Veränderungen, die sich von den Aussprachergeln im Spanischen (▶ S. 7 ff.) ableiten lassen,

vencer	dirigir	huir
venzo	dirijo	huyo
vences	diriges	huyes

– eine unregelmäßige Form für die 1. Person Singular, die jedoch bei keiner anderen Person auftritt.

caber	quepo	salir	salgo
caer	caigo	saber	sé
conocer	conozco	traducir	traduzco
hacer	hago	traer	traigo
poner	pongo	valer	valgo

Bei einigen Verben können auch zwei oder gar drei der Unregelmäßigkeiten gleichzeitig auftreten.

decir	oír	seguir	tener	venir
digo	oigo	sigo	tengo	vengo
dices	oyes	sigues	tienes	vienes

Daneben finden Sie natürlich auch Verben mit gänzlich unregelmäßigen Formen.

ser	soy	eres	es	somos	sois	son
ir	voy	vas	va	vamos	vais	van

Eine vollständige Darstellung der unregelmäßigen Verben finden Sie im Anhang auf Seite 149 ff.

Leicht gemerkt!

Vergleichen Sie die Präsensendungen der regelmäßigen Verben:

-ar	-er	-ir
-o	-o	-o
-as	-es	-es
-a	-e	-e
-amos	-emos	-imos
-áis	-éis	-ís
-an	-en	-en

und es wird Ihnen auffallen, dass nur die Formen der 2. Person Plural einen Akzent tragen. Außerdem ist die Endung der Verben auf **–ir** kürzer als die übrigen.

Merksatz:
Zweite Plural mit Akzent.
Bei **–ir** wird's **–ís,**
bloß nicht verpennt!

Damit die regelmäßigen und unregelmäßigen Verbformen jederzeit abrufbereit sind, empfiehlt sich folgendes Spiel:

 Sie schreiben sich jeweils die Grundform eines Verbs auf ein Karteikärtchen oder einen Zettel. Eventuell können Sie sich auf der Rückseite die Übersetzung oder die Unregelmäßigkeit notieren (o → ue).
Dann würfeln Sie und je nach Punktzahl (1 = yo, 2 = tú, 3 = él, ella, usted, 4 = nosotros/-as, 5 = vosotros/-as, 6 = ellos, ellas, ustedes) bilden Sie die korrekte Form des Verbs. Natürlich macht das mehr Spaß, wenn Sie noch Mitspieler gewinnen können.

Wenn Sie schon mehrere Zeiten beherrschen, spielen Sie mit zwei Würfeln und legen für jede Zeit eine Zahl fest, d.h. ein Würfel bestimmt die Person, der andere die Zeit, in der Sie die Verbform bilden sollen.

Die Vergangenheit

Heute Morgen, letztes Wochenende oder in der weit entfernten Kindheit: Mit der Vergangenheitsform berichten unsere Worte über schon Erlebtes. Im Reich der Vergangenheit fühlt sich die spanische Sprache so richtig wohl: Während das Deutsche nur drei Vergangenheitsformen kennt,

Perfekt: *ich habe gemacht, ich bin gegangen*
Imperfekt: *ich machte, ich ging*
Plusquamperfekt: *ich hatte gemacht, ich war gegangen*

ist in der spanischen Sprache eine weitere Zeit sehr gebräuchlich: das Indefinido. Und während es im Deutschen häufig egal ist, ob man zum Ausdruck der Vergangenheit das Perfekt oder das Imperfekt benutzt, gibt es im Spanischen ganz klare Regeln, wann welche Zeit verwendet werden darf.

Das Perfekt

Das Perfekt wird mit dem Hilfsverb **haber** + Partizip des jeweiligen Verbs gebildet. Das Partizip wird dabei vom Infinitiv abgeleitet.

Participio – **Partizip Perfekt**			
Verben der 1. Gruppe tauschen **-ar** gegen **-ado**	hablar	→	habl**ado**
Verben der 2. und 3. Gruppe tauschen **-er** bzw. **-ir** gegen **-ido**	aprender	→	aprend**ido**
	vivir	→	viv**ido**

Außerdem gibt es mehrere unregelmäßige Formen:

decir:	dicho	hacer:	hecho	poner:	puesto	ver:	visto
abrir:	abierto	escribir:	escrito	freír:	frito	imprimir:	impreso
romper:	roto	morir:	muerto	volver:	vuelto	proveer:	provisto

Perfecto – **Perfekt**		
haber (Presente) + Participio	he	
	has	
	ha	habl**ado**
	hemos	aprend**ido**
	habéis	viv**ido**
	han	

 Im Gegensatz zu vielen anderen Sprachen ist das Partizip unveränderlich, d. h. es wird nicht angeglichen, weder an das Subjekt noch an das Objekt:

Las alumnas han aprendido   *Die Schülerinnen haben*
  muchas cosas nuevas.   *sehr viel Neues gelernt.*

Zur Bildung des Perfekts dient ausschließlich **haber** (nie **ser!**).

He comido.   *Ich habe gegessen.*
He venido.   *Ich bin gekommen.*

Im Gegensatz zum Deutschen werden das Partizip und die konjugierte Form von **haber** nie getrennt!

Te he visto en el parque.   *Ich habe dich im Park gesehen.*

Das Perfekt wird verwendet

– wenn sich die Ereignisse vor sehr kurzer Zeit (heute, vorhin, in letzter Zeit) zugetragen haben,

Apenas nos hemos visto últimamente.	*Wir haben uns in letzter Zeit kaum gesehen.*
Hace un rato que se han ido.	*Sie sind vor einer Weile gegangen.*

– wenn wir über einen Zeitraum sprechen, in dem wir uns noch befinden (dieses Jahr, diese Woche, seit Monaten),

Este verano he hecho un curso de español.	*Diesen Sommer habe ich einen Spanischkurs besucht.*
Ese ha sido siempre mi sueño.	*Das war schon immer mein Traum.*

– wenn wir über eine Handlung der Vergangenheit sprechen, deren Folgen oder Ergebnisse bis in die Gegenwart reichen.

Ha muerto mi abuelo.	*Mein Großvater ist gestorben.*
He bebido demasiado.	*Ich habe zu viel getrunken.*

Für den deutschen Lernenden ist es häufig schwierig, den Gebrauch des Perfekts von dem einer weiteren Zeitform, dem Indefinido, abzugrenzen. Deshalb finden Sie auf Seite 66 ff. eine Gegenüberstellung dieser beiden Zeiten.

Das Indefinido

Das spanische Indefinido wird auch historische Vergangenheit genannt.

	Indefinido		
	-ar	**-er**	**-ir**
	hablar	**aprender**	**vivir**
yo	hablé	aprendí	viví
tú	hablaste	aprendiste	viviste
él/ella/usted	habló	aprendió	vivió
nosotros/nosotras	hablamos	aprendimos	vivimos
vosotros/vosotras	hablasteis	aprendisteis	vivisteis
ellos/ellas/ustedes	hablaron	aprendieron	vivieron

In der 1. Person Plural sind die Formen der Verben auf **-ar** und **-ir** im Präsens und Indefinido gleich. Je nach Zusammenhang erkennen Sie jedoch, um welche Zeit es sich handelt.

Auch bei der Bildung dieser Formen gibt es einige Unregelmäßigkeiten:

– Bei einigen regelmäßigen Verben kommt es bei der 3. Person Singular und Plural zu Veränderungen des Stammvokals (**e → i, o → u**).

pedir	dormir
pedí	dormí
pediste	dormiste
pidió	durmió
pedimos	dormimos
pedisteis	dormisteis
pidieron	durmieron

– Bei einigen Verben kommt es zu orthographischen Veränderungen im Stamm.

buscar	pagar	leer
busqué	pagué	leí
buscaste	pagaste	leíste
buscó	pagó	leyó
buscamos	pagamos	leímos
buscasteis	pagasteis	leísteis
buscaron	pagaron	leyeron

– Eine beträchtliche Anzahl sehr gebräuchlicher Verben ist im Indefinido unregelmäßig. Im Gegensatz zu den regelmäßigen Verben tragen diese die Betonung in der 1. und 3. Person Singular (yo, él/ella/usted) nicht auf der Endung, sondern auf dem Stamm.

poder	decir	saber
pude	dije	supe
pudiste	dijiste	supiste
pudo	dijo	supo
pudimos	dijimos	supimos
pudisteis	dijisteis	supisteis
pudieron	dijeron	supieron

Im Anhang 3 (▶ S. 149 ff.) finden Sie eine Liste aller wichtigen unregelmäßigen Formen.

– Vorsicht: **Ser** und **ir** haben im Indefinido dieselben unregelmäßigen Formen!

ser/ir	fui	fuiste	fue	fuimos	fuisteis	fueron

> **!** Beim Indefinido fällt – außer bei den unregelmäßigen Formen – die Betonung nicht auf den Stamm, sondern auf die Endung! Dies ist sehr wichtig, da oft nur an der Betonung bzw. bei dem geschriebenen Wort an dem Akzent zu erkennen ist, ob es sich um die Gegenwart, die Vergangenheit (Indefinido), die Befehlsform oder den Subjuntivo handelt!

hablo	*ich spreche*	**habló**	*er/sie sprach*
¡hable!	*sprechen Sie!*	**hablé**	*ich sprach*
No quiero que **hable**.		*Ich will nicht, dass er spricht.*	

Das Indefinido wird verwendet

– für abgeschlossene, zeitlich begrenzte Handlungen oder Vorkommnisse, die zu einem bestimmten Zeitpunkt oder in einer bestimmten Zeitspanne erfolgt sind,

A lo largo de su vida sufrió **varios accidentes.**
Im Laufe seines/ihres Lebens erlitt er/sie mehrere Unfälle.

En 1989 tuvo lugar **la reunificación alemana.**
1989 fand die deutsche Wiedervereinigung statt.

– für punktuelle Informationen,

A las 21:00 h. se registró **un débil temblor de tierra.**
Um 21.00 Uhr wurde ein schwaches Beben registriert.

– für begrenzt wiederholte Handlungen oder Vorgänge,

Durante las últimas vacacio-	*Im letzten Urlaub sind wir jeden*
nes salimos todas las	*Abend ausgegangen.*
noches.	

– für eine Reihe aufeinander folgender Handlungen oder Ereignisse, die in der Vergangenheit stattfanden.

Salí del trabajo, llegué a casa	*Ich machte Feierabend, kam nach*
y me fui derecho a la cama.	*Hause und ging direkt ins Bett.*

Leicht gemerkt!

Das Indefinido bietet jede Menge unregelmäßiger Verbformen, die Sie auf die zuvor bereits beschriebene Art üben können.

Es wird verwendet

– für abgeschlossene Handlungen oder Ereignisse, die zu einem bestimmten Zeitpunkt oder in einer bestimmten Zeitspanne in der Vergangenheit erfolgt sind.
– für punktuelle Informationen.
– für begrenzt wiederholte Handlungen oder Vorgänge.
– für aufeinander folgende Handlungen in der Vergangenheit, die jeweils abgeschlossen sind.

Es handelt sich immer um Handlungen oder Vorkommnisse.

Gegenüberstellung von Perfekt und Indefinido

Sowohl mit dem Perfekt als auch mit dem Indefinido können wir vergangene, abgeschlossene Handlungen ausdrücken. Wann Sie die eine und wann die andere Zeitform verwenden, ist jedoch keine Frage des Stils oder der Sprachebene. Vielmehr gibt es klare Regeln, bei welchen Handlungen der Vergangenheit das Perfekt und bei welchen das Indefinido verwendet wird. Häufig kann man anhand einer Zeitbestimmung innerhalb des Satzes erkennen, welche Zeit verwendet werden muss.

Perfekt	Indefinido
a) alles, was sich auf *heute* bezieht:	a) alles, was früher ist als *heute* und nicht von **este, -a** begleitet wird:
hoy	ayer
por la mañana	anteayer
a las ocho y cuarto	anoche
hace dos horas	el sábado
después de levantarme	hace unos días/meses/años
...me he duchado	**...vi** a David
b) alle Temporalbestimmungen mit **este, esta...**:	b) alle Temporalbestimmungen mit **...pasado, -a**:
esta semana	el domingo pasado
estos días	el fin de semana pasado
este jueves	el mes/año/siglo pasado
este mes/año/siglo	la semana pasada
este último fin de semana	las vacaciones pasadas
...ha sido interesante	**...ocurrieron** muchas cosas
c) immer, wenn der Hintergrundsbegriff *bisher* eingeschlossen ist:	c) immer, wenn die erwähnte Zeit schon abgeschlossen und außerhalb unserer Zeit ist:
nunca	en 2006
siempre	a los dieciocho años
alguna vez	el día de mi cumpleaños
varias veces	al comenzar mis estudios
ya	**...conocí** a mi novio
todavía no	
por ahora (no)	
...he pensado en casarme	
d) mit manchen Bestimmungen, die zeitliche Nähe ausdrücken:	
últimamente	
en los últimos tiempos	
hace poco	
...he tenido noticias suyas	

Gibt es keine Zeitangaben im Satz oder lässt sich der Zeitpunkt der Handlung nicht aus dem Kontext erschließen, wird das Perfekt gebraucht, wenn die Handlung vom Sprecher als noch relativ nah in Bezug auf die Gegenwart empfunden wird. Das Indefinido wird hingegen verwendet, wenn die Handlung schon länger zurückliegt bzw. für den Sprecher schon Teil der ferneren Vergangenheit ist.

He visto a tu hermano.   *Ich habe deinen Bruder getroffen.*
                                    (heute oder in letzter Zeit)
Vi a tu hermano.   *Ich traf deinen Bruder.*
                                      (irgendwann mal)

! Es kommt vor, dass Muttersprachler sich nicht streng an diese Regeln halten. Oft geben sie wider Erwarten dem Indefinido den Vorzug. So hört man häufig: **Esta mañana estuve allí.**

In Lateinamerika folgt der Gebrauch des Perfekts und des Indefinido nicht immer den oben genannten Regeln. Oft wird dem Indefinido der Vorzug gegeben.

Das Imperfekt

Mit dem Perfekt und dem Indefinido lassen sich jedoch noch lange nicht alle Handlungen der Vergangenheit ausdrücken. Es fehlt das Imperfekt – eine weitere Zeit, die häufig vorkommt. Glücklicherweise ist die Bildung ausgesprochen einfach.

	Imperfecto – Imperfekt		
	-ar	**-er**	**-ir**
	hablar	**aprender**	**vivir**
yo	habl**aba**	aprend**ía**	viv**ía**
tú	habl**abas**	aprend**ías**	viv**ías**
él/ella/usted	habl**aba**	aprend**ía**	viv**ía**
nosotros/nosotras	habl**ábamos**	aprend**íamos**	viv**íamos**
vosotros/vosotras	habl**abais**	aprend**íais**	viv**íais**
ellos/ellas/ustedes	habl**aban**	aprend**ían**	viv**ían**

Dieses Bildungsverfahren gilt für alle Verben außer für **ser**, **ir** und **ver**:

ser	**ir**	**ver**	**ser**	**ir**	**ver**
era	iba	veía	éramos	íbamos	veíamos
eras	ibas	veías	erais	ibais	veíais
era	iba	veía	eran	iban	veían

Das Imperfekt wird verwendet

– zur Beschreibung eines Zustands oder einer Situation,

De joven, Luisa era muy tímida. *Als junge Frau war Luisa sehr schüchtern.*

Antes no había tantos orde- *Früher gab es nicht so viele PCs*
nadores como hay ahora. *wie heute.*

– zum Ausdruck von Gewohnheiten sowie sich wiederholenden Handlungen oder Vorgängen,

De niño me gustaba mucho *Als Kind las ich sehr gerne*
leer cuentos. *Märchen.*

Hace unos años íbamos a *Vor ein paar Jahren machten*
menudo de excursión. *wir häufig Ausflüge.*

– für zeitlich nicht deutlich begrenzte Vorgänge oder Handlungen,

Veíamos como los barcos *Wir beobachteten, wie die*
entraban en el puerto. *Schiffe in den Hafen einfuhren.*

– für eine Handlung, die in ihrer Dauer dargestellt wird und als Hintergrund für eine andere Handlung dient. Diese häufig punktuelle Handlung wird mit dem Indefinido oder Perfekt ausgedrückt.

No estaba en casa cuando *Ich war nicht zuhause, als du*
llamaste. *anriefst.*

Antes siempre los invitá- *Früher luden wir sie immer*
bamos, pero sólo vinieron *wieder ein, aber sie kamen nur*
una vez. *einmal.*

Cuando éramos aún pequeños *Als wir noch klein waren, starb*
murió nuestra madre. *unsere Mutter.*

Cuando iba a dormirme sonó *Als ich im Begriff war einzuschlafen,*
el teléfono. *klingelte das Telefon.*

Quería ser médico pero no *Er wollte Arzt werden, hat aber*
terminó la carrera. *das Studium nicht beendet.*

Sabías mi dirección pero no *Du hattest meine Adresse, aber*
me has escrito. *du hast mir nicht geschrieben.*

Cuando estábamos durmiendo *Während wir schliefen, hat es*
ha llovido mucho. *viel geregnet.*

Tenían miedo y nos pidieron *Sie hatten Angst und baten uns*
ayuda. *um Hilfe.*

Beachten Sie außerdem folgende Unterschiede zwischen dem Imperfekt und dem Indefinido:

Tenían un hijo.	*Sie hatten ein Kind.*
Tuvieron un hijo.	*Sie bekamen ein Kind.*
Conocía a Antonio.	*Ich kannte Antonio.*
Conocí a Antonio.	*Ich lernte Antonio kennen.*
Cuando **venía** mi tía **traía** regalos.	*Immer wenn meine Tante kam, brachte sie Geschenke mit.*
Cuando **vino** mi tía **trajo** regalos.	*Als meine Tante kam, brachte sie Geschenke mit.*
Cuando **iba** a casa **comí** algo.	*Auf dem Weg nach Hause aß ich etwas.*
Cuando **llegué** a casa **comí** algo.	*Als ich nach Hause kam, aß ich etwas.*

Leicht gemerkt!

Das Imperfekt wird gebraucht
- zur Beschreibung eines Zustands oder einer Situation.
- zum Ausdruck von Gewohnheiten sowie sich wiederholenden Handlungen oder Vorgängen.
- für zeitlich nicht deutlich begrenzte Vorgänge oder Handlungen.
- für eine Handlung, die in ihrer Dauer dargestellt wird und als Hintergrund für eine andere Handlung dient.

Wenn Sie sich jetzt eine Bühne vorstellen, so ist das Imperfekt die Kulisse und das Indefinido ist die Handlung, die während einer Vorstellung auf der Bühne stattfand.

Merksatz:
Das Indefinido ist die Zeit
für abgeschlossene Handlungen
in der Vergangenheit.

Das Imperfekt, das merk ich mir,
beschreibt die Kulisse hinter mir.

Mit diesem Bild im Kopf werden Sie sich im Umgang mit diesen beiden Vergangenheitszeiten bestimmt leichter tun.

Das Plusquamperfekt

Das Plusquamperfekt, auch vollendete Vergangenheit genannt, wird mit der Imperfektform von **haber** und dem Partizip gebildet.

Pretérito Pluscuamperfecto – **Plusquamperfekt**		
	había	
	habías	
haber (Imperfecto) + Participio	había	estudiado
	habíamos	leído
	habíais	escrito
	habían	

Das Plusquamperfekt wird für Handlungen gebraucht, die schon vor anderen Handlungen oder Ereignissen in der Vergangenheit abgeschlossen waren.

Corrí a la estación, pero el tren ya había salido.	*Ich eilte zum Bahnhof, aber der Zug war schon abgefahren.*
Nunca había visto nada igual.	*Ich hatte noch nie so was gesehen.*
Eva no pudo venir porque se había roto la pierna.	*Eva konnte nicht kommen, da sie sich das Bein gebrochen hatte.*

Die Zukunft

Um zu erzählen, was Sie an Weihnachten oder für nächsten Sommer planen, brauchen Sie nicht unbedingt die Futurformen des Verbs. Im Grunde ist dies auch mit der Gegenwartsform in Begleitung der passenden Zeitangabe möglich.

La semana que viene termino mis estudios.	*Nächste Woche beende ich mein Studium.*

Trotzdem ist häufig der Gebrauch einer eigenen Zeitform zum Ausdruck eines zukünftigen Geschehens sinnvoll.

Die nahe Zukunft

Um über ein Vorhaben oder etwas, was in der nächsten Zeit stattfinden soll, zu sprechen, wird oft das Präsens von **ir a** + Infinitiv verwendet.

Voy a hablar con Pedro.	*Ich werde mit Pedro sprechen.*
¿Vas a leer pronto el libro?	*Wirst du das Buch bald lesen?*
Va a llover.	*Es wird bald regnen.*

Statt dieser Konstruktion mit **ir a** und dem Infinitiv des Vollverbs kann die nahe Zukunft auch mit einer eigenen Futurform des Verbs ausgedrückt werden, die im nächsten Kapitel besprochen wird.

Das Futur I

Die Futurform wird gebildet, indem Sie an die Infinitivform des Verbs die in der folgenden Tabelle aufgeführten Endungen anhängen.

Futuro simple – **Futur I**			
	-ar	**-er**	**-ir**
	hablar	**aprender**	**vivir**
yo	hablar**é**	aprender**é**	vivir**é**
tú	hablar**ás**	aprender**ás**	vivir**ás**
él/ella/usted	hablar**á**	aprender**á**	vivir**á**
nosotros/nosotras	hablar**emos**	aprender**emos**	vivir**emos**
vosotros/vosotras	hablar**éis**	aprender**éis**	vivir**éis**
ellos/ellas/ustedes	hablar**án**	aprender**án**	vivir**án**

Die Endungen sind bei allen drei Verbgruppen identisch; bei folgenden Verben ändert sich jedoch die Stammform:

-e- fällt weg	mittlere Silbe fällt weg	**-d-** ersetzt Endvokal
querer → **querr-**	hacer → **har-**	poner → **pondr-**
haber → **habr-**	decir → **dir-**	venir → **vendr-**
saber → **sabr-**		tener → **tendr-**
poder → **podr-**		salir → **saldr-**
caber → **cabr-**		valer → **valdr-**

Mit diesen Futurformen können Sie praktisch alle Handlungen in der nahen und fernen Zukunft ausdrücken.

Darüber hinaus dienen die Zukunftsformen zum Ausdruck von Vermutungen, ähnlich wie im Deutschen auch:

Supongo que tus padres estarán ya en casa.	*Ich vermute, dass deine Eltern schon zu Hause sein werden.*
El jefe está muy raro hoy, tendrá algún problema.	*Der Chef ist heute ganz komisch; er wird wohl Probleme haben.*

Wenn Sie genauer hinschauen, werden Sie erkennen, dass die Endungen des Futur I mit den Präsensformen des Verbs **haber** übereinstimmen! Es ändert sich lediglich die Akzentsetzung.

Infinitiv des Verbs +	(h)e
	(h)as
	(h)a
	(h)emos
	(hab)éis
	(h)an

Das Futur II

Neben der einfachen Futurform gibt es auch im Spanischen eine zusammengesetzte Form, das Futur II, auch vollendete Zukunft genannt. Es wird mit der Futur-I-Form von **haber** + Partizip gebildet.

Futuro perfecto – **Futur II**		
haber (Futuro simple) + Participio	habré	
	habrás	
	habrá	hablado
	habremos	aprendido
	habréis	vivido
	habrán	

Das Futur II wird im Spanischen genauso verwendet wie im Deutschen: zum Ausdruck einer Handlung, die in der Zukunft schon abgeschlossen sein wird.

Para el mes que viene habremos arreglado **el piso.**
Bis nächsten Monat werden wir die Wohnung renoviert haben.

Dentro de un año habré terminado **el trabajo.**
In einem Jahr werde ich die Arbeit beendet haben.

Auch das zusammengesetzte Futur kann zum Ausdruck von Vermutungen eingesetzt werden.

Pedro no ha aprobado el examen; habrá estudiado **poco.**
Pedro hat die Prüfung nicht bestanden; er wird wohl wenig gelernt haben.

Mira, Julio vuelve. Habrá perdido **el avión.**
Schau mal, Julio kommt zurück. Er wird wohl das Flugzeug verpasst haben.

8 | Das Verb: Die Modi

Bisher haben wir uns nur mit einem Modus beschäftigt: dem Indikativ – die so genannte Wirklichkeitsform. Im Folgenden werden wir Ihnen einen Überblick über die restlichen Modi und deren Anwendung geben: der Konditional (Bedingungsform), der Imperativ (Befehlsform) und der Subjuntivo (Möglichkeitsform).

Der Konditional

Konditional I

Der Konditional I wird gebildet, indem man die Imperfektendungen der Verben auf **-er** bzw. **-ir** an den Infinitiv des Verbs anhängt.

Condicional I – **Konditional I**			
	-ar	**-er**	**-ir**
	hablar	**leer**	**escribir**
yo	hablar**ía**	leer**ía**	escribir**ía**
tú	hablar**ías**	leer**ías**	escribir**ías**
él/ella/usted	hablar**ía**	leer**ía**	escribir**ía**
nosotros/nosotras	hablar**íamos**	leer**íamos**	escribir**íamos**
vosotros/vosotras	hablar**íais**	leer**íais**	escribir**íais**
ellos/ellas/ustedes	hablar**ían**	leer**ían**	escribir**ían**

Die Endungen sind also bei allen drei Verbgruppen gleich; bei folgenden Verben ändert sich jedoch der Wortstamm:

-e- fällt weg	mittlere Silbe fällt weg	**-d-** ersetzt Endvokal
querer → **querr-**	hacer → **har-**	poner → **pondr-**
haber → **habr-**	decir → **dir-**	venir → **vendr-**
saber → **sabr-**		tener → **tendr-**
poder → **podr-**		salir → **saldr-**
caber → **cabr-**		valer → **valdr-**

Leicht gemerkt!

Merke:
Die 1. und 3. Person Singular sind immer gleich.
Alle Verbformen im Konditional tragen einen Akzent.

Der Konditional I wird verwendet

– in höflichen Wendungen oder Bitten,

¿Podría usted ayudarme?	*Könnten Sie mir helfen?*
Querría pedirle algo.	*Ich möchte Sie um etwas bitten.*

– für eine bedingte oder imaginäre Situation,

Tendría que trabajar, pero me voy contigo.	*Ich müsste arbeiten, aber ich gehe mit.*
Con mucho gusto te lo diría pero no lo sé.	*Ich würde es dir gerne sagen, aber ich weiß es nicht.*

– bei Ratschlägen,

Deberías fumar menos.	*Du solltest weniger rauchen.*
Yo, en tu lugar, no lo haría.	*Ich würde es an deiner Stelle nicht tun.*

– in Verbindung mit Verben des Wünschens,

Me gustaría mucho saber tocar el piano.	*Ich würde gerne Klavier spielen können.*
Me encantaría conocer a tu familia.	*Ich würde gerne deine Familie kennen lernen.*
Querría un piso.	*Ich hätte gerne eine Wohnung.*
Desearía tener más tiempo para mis hijos.	*Ich würde mir mehr Zeit für meine Kinder wünschen.*

– in Bedingungssätzen. Diese werden auf S. 126 f. ausführlich behandelt.

Konditional II

Der Konditional II wird mit einer Form des Hilfsverbs **haber** im Konditional I und dem Partizip Perfekt des Verbs gebildet. Dabei steht das Hilfsverb immer direkt vor dem Partizip, das unveränderlich ist.

Condicional perfecto – **Konditional II**		
yo	habría	comprado
tú	habrías	bebido
él/ella/usted	habría	recibido
nosotros/nosotras	habríamos	hecho
vosotros/vosotras	habríais	visto
ellos/ellas/ustedes	habrían	olvidado

Der Konditional II drückt aus, dass etwas nicht verwirklicht wurde oder geschah, weil die Voraussetzung dafür fehlte.

Te **habría mandado** un e-mail si **hubiera tenido tu dirección electrónica.**	*Ich hätte dir eine E-Mail geschickt, wenn ich deine Adresse gehabt hätte.*
El hotel os **habría gustado.**	*Das Hotel hätte euch gefallen.*
En tu lugar no **habría comprado** un sofá tan grande.	*An deiner Stelle hätte ich kein so großes Sofa gekauft.*

Der Imperativ

Auf den Imperativ, auch Befehlsform genannt, werden Sie in der spanischen Sprache häufig stoßen, sei es im Rahmen eines Befehls, eines freundlichen Angebots, eines Ratschlags oder Hinweises.

	Bejahter Imperativ		
	-ar	**-er**	**-ir**
	entrar	**correr**	**subir**
(tú)	entra	corre	sube
(usted)	entre	corra	suba
(nosotros/nosotras)	entr**emos**	corr**amos**	sub**amos**
(vosotros/vosotras)	entrad	corred	subid
(ustedes)	entr**en**	corr**an**	sub**an**

Leicht gemerkt!

Merksatz zum Imperativ der Verben auf **-ar**:

Befehle geben tut nicht weh,
du, **ihr** bleibt gleich,
der Rest wird **-e-**.

Bei den regelmäßigen Verben können Sie die Formen des bejahten Imperativs vom Indikativ Präsens ableiten.

– Die 2. Person Singular (**tú**) des bejahten Imperativs ist mit der 3. Person Singular (**él/ella**) Präsens identisch.

él/ella entra	entra (tú)
él/ella corre	corre (tú)
él/ella sube	sube (tú)

– Die Höflichkeitsform Singular und Plural (**usted, ustedes**), sowie die 1. Person Plural (**nosotros/nosotras**) des bejahten Imperativs werden wie die entsprechenden Präsensformen gebildet, nur dass bei Verben auf **-ar** das **a** zu **e**, bei Verben auf **-er** und **-ir** das **e** und **i** zu **a** werden.

entr**ar**	usted entr**a**, ustedes entr**an**	entr**e** (usted), entr**en** (ustedes)
corr**er**	usted corr**e**, ustedes corr**en**	corr**a** (usted), corr**an** (ustedes)
sub**ir**	nosotros/nosotras sub**imos**	sub**amos** (nosotros/nosotras)

– Die 2. Person Plural (**vosotros/vosotras**) des bejahten Imperativs lässt sich von der Infinitivform ableiten, indem das **-r** durch **-d** ersetzt wird.

entrar	entrad (vosotros/vosotras)
correr	corred (vosotros/vosotras)
subir	subid (vosotros/vosotras)

Bei Verben auf **-ir** mit Vokalveränderung weist die 1. Person Plural des bejahten Imperativs Unterschiede zur entsprechenden Form des Indikativ Präsens auf. Es kommt zu einem Wechsel des Stammvokals.

sentimos → sintamos   pedimos → pidamos
dormimos → durmamos

Die wichtigsten unregelmäßigen Formen sind:

decir	hacer	ir	oír
di	haz	**ve**	oye
di**ga**	haga	**vaya**	oiga
di**ga**mos	hagamos	**vaya**mos	oigamos
decid	haced	id	oíd
di**ga**n	hagan	**vaya**n	oigan

tener	traer	venir	salir
ten	trae	**ven**	**sal**
tenga	traiga	venga	salga
tengamos	traigamos	vengamos	salgamos
tened	traed	venid	salid
tengan	traigan	vengan	salgan

Leicht gemerkt!

Nur die Verben **ir, salir, venir, hacer, poner, decir, tener, ser** haben unregelmäßige Imperativformen bei **tú**. Hintereinander geschrieben ergeben sie einen unsinnigen Satz, den Sie sich bestimmt gut merken können: **Ve sal ven haz pon di ten sé.**

Befehlsformen werden häufig wiederholt; dies sollte jedoch nicht als aufdringlich sondern vielmehr als sehr freundlich oder höflich verstanden werden.

¡Pase, pase!   *Bitte, treten Sie doch ein!*
Deja, deja, que ya lo hago yo.   *Lass mal, ich mach' das schon.*
¡Siéntate, siéntate!   *Setz dich ruhig hin!*
¿Puedo abrir la ventana? –   *Darf ich das Fenster aufmachen? –*
  Claro, ¡ábrela, ábrela!   *Bitte bitte, mach's nur auf!*

Wie im Deutschen auch können unpersönliche Aufforderungen mit dem Infinitiv ausgedrückt werden.

¡Girar a la derecha!   *Rechts abbiegen!*
¡No doblar!   *Nicht knicken!*
¡No tocar!   *Nicht anfassen!*

Manchmal steht vor dem Infinitv die Präposition **a:**

¡A trabajar!   *An die Arbeit!*
¡A comer!   *(Mittag-)Essen ist fertig!*

Beim bejahten Imperativ werden die Personalpronomen ans Verb angehängt.

Dámelo.   *Gib es mir.*
Cuéntanoslo.   *Erzähl es uns.*
Ponte el abrigo.   *Zieh (dir) den Mantel an.*

Wird ein Reflexivpronomen angehängt, fällt das **-d** der **vosotros**-Form und das **-s** der **nosotros**-Form weg.

Compraos el libro.   *Kauft euch das Buch.*
Vámonos/Vayámonos.   *Gehen wir.*

Leicht gemerkt!

Die Formen des bejahten Imperativs bei den regelmäßigen Verben sehen folgendermaßen aus:

- **tú** entspricht der Form der 3. Person Singular Präsens.
- **usted/ustedes** entspricht er 3. Person Singular/Plural des Subjuntivo Präsens.
- bei **nosotros/nosotras** wird ebenfalls das **a** zu **e** und das **e** zu **a.**
- bei **vosotros/vosotras** wird aus dem **-r** der Infinitivendung ein **-d.**

Manchmal wird auch nur die Infinitivform genommen.

 Anders als im Deutschen, wo die Imperativformen immer gleich sind, ändern sich diese im Spanischen bei den verneinten Befehlen, die im Folgenden behandelt werden.

Der verneinte Imperativ

Der verneinte Imperativ weist für die 2. Person Singular und Plural eigene Formen auf, die Sie sich merken sollten. Die Höflichkeitsformen und die 1. Person Plural ändern sich jedoch nicht.

Imperativo negativo – **Verneinter Imperativ**			
	-ar	**-er**	**-ir**
	entrar	**correr**	**subir**
(tú)	no entr**es**	no corr**as**	no sub**as**
(usted)	no entr**e**	no corr**a**	no sub**a**
(nosotros/nosotras)	no entr**emos**	no corr**amos**	no sub**amos**
(vosotros/vosotras)	no entr**éis**	no corr**áis**	no sub**áis**
(ustedes)	no entr**en**	no corr**an**	no sub**an**

Leicht gemerkt!

Alle regelmäßigen Formen des verneinten Imperativs werden wie die entsprechenden Formen des Indikativ Präsens gebildet, nur dass bei Verben auf **-ar** das **a** zu **e**, bei Verben auf **-er** und **-ir** das **e** und **i** zu **a** werden.

Merksatz:
Befehl verneint,
ich merk's mir, klar,
-a- wird zu **-e-**,
-e-, **-i-** wird **-a-**.

entras	→	no entres
entra		no entre
entramos		no entremos
entráis		no entréis
entran		no entren

corres	→	no corras	subes	→	no subas
corre		no corra	sube		no suba
corremos		no corramos	subimos		no subamos
corréis		no corráis	subís		no subáis
corren		no corran	suben		no suban

Bei Verben mit der Infinitivform auf **-ir** und einer Vokalveränderung weist die 1. Person Plural die gleiche Änderung im Stamm wie die Formen des bejahten Imperativs auf.

sentimos → sintamos   pedimos → pidamos
dormimos → durmamos

Bei den Formen des verneinten Imperativs werden die Pronomen nicht an das Verb angehängt, sondern vorangestellt.

No te preocupes.   *Mach dir keine Sorgen.*
No me lo pregunte.   *Fragen Sie mich nicht danach.*

Betrachten Sie die Formen einmal nebeneinander:

Bejahter Imperativ	Verneinter Imperativ
¡**Dá**melo!	¡No **me lo** des!
¡**Cuén**tenoslo!	¡No **nos lo** cuente!
¡**Pon**te el abrigo!	¡No **te** pongas el abrigo!
¡**Leván**tense!	¡No **se** levanten!

Der Subjuntivo des Präsens und des Perfekts

Dem Subjuntivo kommt im Spanischen eine weitaus wichtigere Rolle zu als dem Konjunktiv im Deutschen, dem er oft gegenübergestellt wird. Es ist der Modus der Nicht-Wirklichkeit. Er ist absolut unerlässlich bei vielen spanischen Nebensätzen und sowohl für die schriftliche als auch für die gesprochene Sprache von äußerster Wichtigkeit, weshalb Sie diesem Kapitel besondere Aufmerksamkeit widmen sollten.

Presente de Subjuntivo – Subjuntivo Präsens			
	-ar	**-er**	**-ir**
	hablar	**aprender**	**vivir**
yo	habl**e**	aprend**a**	viv**a**
tú	habl**es**	aprend**as**	viv**as**
él/ella/usted	habl**e**	aprend**a**	viv**a**
nosotros/nosotras	habl**emos**	aprend**amos**	viv**amos**
vosotros/vosotras	habl**éis**	aprend**áis**	viv**áis**
ellos/ellas/ustedes	habl**en**	aprend**an**	viv**an**

Perfecto de Subjuntivo – Subjuntivo Perfekt		
haber + Participio	**haya**	hablado aprendido vivido
	hayas	
	haya	
	hayamos	
	hayáis	
	hayan	

Leicht gemerkt!

Die Formen des Subjuntivo sind identisch mit denen des verneinten Imperativs. Außerdem werden alle regelmäßigen Formen des Subjuntivo wie die entsprechenden Formen des Indikativ Präsens gebildet, nur dass bei Verben auf **-ar** das **a** zu **e**, bei Verben auf **-er** und **-ir** das **e** und **i** zu **a** werden.

entro	entre	corro	corra	subo	suba
entras	entres	corres	corras	subes	subas
entra	entre	corre	corra	sube	suba
entramos	entremos	corremos	corramos	subimos	subamos
entráis	entréis	corréis	corráis	subís	subáis
entran	entren	corren	corran	suben	suban

Die unregelmäßigen Formen des Subjuntivo

Die Vokalveränderungen und Unregelmäßigkeiten, die sich beim Indikativ Präsens beobachten lassen, sind auch bei den entsprechenden Formen des Subjuntivo zu finden.

– Verben, die im Indikativ Präsens eine unregelmäßige Form in der 1. Person Singular haben, behalten diese Unregelmäßigkeit in allen Formen des Subjuntivo Präsens bei.

caber	caer	conocer	decir	hacer	oír
quepa	caiga	conozca	diga	haga	oiga
quepas	caigas	conozcas	digas	hagas	oigas
quepa	caiga	conozca	diga	haga	oiga
usw.	usw.	usw.	usw.	usw.	usw.

poner	salir	seguir	tener	traer	venir
ponga	salga	siga	tenga	traiga	venga
pongas	salgas	sigas	tengas	traigas	vengas
ponga	salga	siga	tenga	traiga	venga
usw.	usw.	usw.	usw.	usw.	usw.

– Verben, die im Indikativ Präsens eine Stammvokalveränderung aufweisen, zeigen diese Unregelmäßigkeit auch beim Subjuntivo.

entender ‹e → ie›	contar ‹o → ue›
entienda	cuente
entiendas	cuentes
entienda	cuente
entendamos	contemos
entendáis	contéis
entiendan	cuenten

– Bei den Verben auf **-ir** sind die Stammvokalveränderungen im Subjuntivo dieselben wie im Indikativ Präsens. Außerdem wird in der 1. und 2. Person Plural das **e** zu **i** bzw. das **o** zu **u**.

sentir ‹e → ie›	mentir ‹e → i›	dormir ‹o → ue›
sienta	mienta	duerma
sientas	mientas	duermas
sienta	mienta	duerma
sintamos	mintamos	durmamos
sintáis	mintáis	durmáis
sientan	mientan	duerman

– Bei einigen Verben kommt es zu orthographischen Veränderungen gegenüber dem Infinitiv.

convencer	dirigir	huir	seguir
convenza	dirija	huya	siga
convenzas	dirijas	huyas	sigas

Daneben finden Sie natürlich auch Verben mit gänzlich unregelmäßigen Formen.

saber	ser	ir	ver	haber	estar
sepa	sea	vaya	vea	haya	esté
sepas	seas	vayas	veas	hayas	estés
sepa	sea	vaya	vea	haya	esté
usw.	usw.	usw.	usw.	usw.	usw.

Weitere unregelmäßige Formen finden Sie im Anhang auf Seite 149 ff.

Der Gebrauch des Subjuntivo

Der Subjuntivo wird prinzipiell zum Ausdruck einer subjektiven Sichtweise eingesetzt. Er wird verwendet

– in Hauptsätzen zum Ausdruck von Vermutungen,

Tal vez hayan encontrado atasco.	*Vielleicht sind sie in einen Stau geraten.*
Posiblemente esté en casa.	*Wahrscheinlich ist er/sie zu Hause.*
Quizá no hayan recibido nuestra carta.	*Vielleicht haben sie unseren Brief nicht bekommen.*

– in mit **que** eingeleiteten Ausrufesätzen, die eine Willens- oder Wunschäußerung ausdrücken,

¡Que te diviertas!	*Viel Spaß!*
¡Que te mejores!	*Gute Besserung!*
¡Que llegues bien a casa!	*Komm gut nachhause!*
¡Que duermas bien!	*Schlaf gut!*
¡Que aproveche!	*Guten Appetit!*
¡Que te vaya bien!	*Lass es dir gut gehen!*
¡Que no lleguéis tarde!	*Kommt nicht zu spät!*
¡Que no se te olvide!	*Vergiss es nicht!*
¡Que tengas suerte!	*Viel Glück!*

Leicht gemerkt!

Leitet **¡Que...!** einen Wunsch ein, ist es akzentlos glücklich.

– in zahlreichen feststehenden Ausdrücken,

como sea	*egal wie*
pase lo que pase	*egal, was geschieht*
o sea	*das heißt*
lo que sea	*egal was*
quien(quiera que) sea	*egal wer*

– nach unpersönlichen Ausdrücken

Es importante que sepas lo que quieres.	*Es ist wichtig, dass du weißt was du willst.*
Es mejor que que te quedes hoy en la cama.	*Es ist besser, dass du heute im Bett bleibst.*
No hace falta que te pongas el jersey.	*Es ist nicht nötig, dass du dir den Pullover anziehst.*

Es necesario que usted firme el contrato. *Es ist notwendig, dass Sie den Vertrag unterschreiben.*

– zur Wiedergabe von Befehlsformen in der indirekten Rede (ausführlichere Beschreibung auf S. 128),

Dice el jefe que te quedes y hables con él. *Der Chef sagt, du sollst bleiben und mit ihm sprechen.*

– in Relativsätzen, wenn nicht die Wirklichkeit, sondern ein Wunsch, eine Vorstellung, eine Eventualität beschrieben wird,

Quiero un bolso que tenga las asas de metal. *Ich will eine Tasche mit Griffen aus Metall.*

Busco un piso que esté cerca del centro. *Ich suche eine Wohnung in Zentrumsnähe.*

El que haya terminado puede irse. *Wer fertig ist, kann gehen.*

– in mit **que** eingeleiteten Nebensätzen nach

1. Willensäußerungen (Wünsche, Befehle, Bitten, Erlaubnis, Rat, Absicht, Vorschläge und Angebote),

Quiero que vayas a la ciudad. *Ich möchte, dass du in die Stadt fährst.*

¿Cuándo os parece bien que lleguemos? *Wann sollen wir kommen?*

¿Desean que los acompañe? *Soll ich Sie begleiten?*

Estudio español para que mis amigos peruanos me entiendan. *Ich lerne Spanisch, damit meine peruanischen Freunde mich verstehen.*

La voluntad de que todo salga bien nos ayudará. *Der Wille, dass alles gut gelingt, wird uns helfen.*

2. Gefühlsäußerungen (Gemütszustände, Hoffnung, Furcht, Freude, Bedauern, Erstaunen),

Espero que estés bien. *Ich hoffe, es geht dir gut.*

Temo que no salga como pensamos. *Ich befürchte, es wird nicht klappen, wie wir dachten.*

Deseo que todo vaya bien. *Ich wünsche, dass alles gut läuft.*

Me alegra que hayas venido. *Es freut mich, dass du gekommen bist.*

3. Meinungsäußerungen, Bewertungen, Reaktionen.

Me gusta que haga **buen tiempo.**	*Es gefällt mir, dass schönes Wetter ist.*
Me molesta que digas **eso.**	*Es stört mich, dass du das sagst.*
Nos extraña que no hayan llamado.	*Es wundert uns, dass sie nicht angerufen haben.*
Tengo ganas de que lleguen **las vacaciones.**	*Ich möchte, dass (endlich) Ferien sind.*
Me parece bien que le ayudes.	*Ich finde es gut, dass du ihm hilfst.*
No hace falta que vengáis.	*Ihr braucht nicht zu kommen.*
Es estupendo que lo hayas. conseguido.	*Es ist einfach klasse, dass du's geschafft hast.*
¡Qué raro que no hayan llamado!	*Komisch, dass sie nicht angerufen haben!*

> Wenn Haupt- und Nebensatz das gleiche Subjekt haben wird der Infinitiv verwendet.

Me molesta que tengas **que decírselo.**	*Es stört mich, dass du es ihm/ihr sagen musst.*

aber

Me molesta tener **que decírselo.**	*Es stört mich es ihm/ihr sagen zu müssen.*

Es gibt Verben, die in der bejahten Form mit Indikativ auskommen, während deren Verneinung den Subjuntivo verlangt. Das sind die Verben der persönlichen Meinungsäußerung, des Glaubens und Denkens. Aber aufgepasst: Ausschlaggebend ist, dass das Verb des Hauptsatzes verneint ist.

Creo que va a venir.	*Ich glaube, dass er/sie kommen wird.*
Creo que no va a venir.	*Ich glaube, dass er/sie nicht kommen wird.*

aber

No creo que vaya **a venir.**	*Ich glaube nicht, dass er/sie kommen wird.*
Pienso que es interesante.	*Ich denke, dass es interessant ist.*
Pienso que no es interesante.	*Ich denke, dass es nicht interessant ist.*

aber

No pienso que sea **interesante.**	*Ich denke nicht, dass es interessant ist.*

Gegenüberstellung von Indikativ und Subjuntivo

Es gibt Fälle, in denen beide Modi, sowohl Subjuntivo als auch Indikativ grammatikalisch zwar zulässig sind, in denen es jedoch je nach Modus zu Bedeutungsunterschieden kommt. Das ist der Fall

– bei Temporalsätzen. Abhängig davon, ob der ausschlaggebende Zeitpunkt auf die Zukunft bezogen ist oder nicht, wird der eine oder andere Modus gebraucht.

Cuando viene Luis tomamos vino.	*Jedesmal, wenn Luis kommt, trinken wir Wein.*
Cuando venga tomaremos vino.	*Wenn er kommt, werden wir Wein trinken.*
Espero hasta que llegan noticias.	*Ich warte (immer), bis es Nachrichten gibt.*
Espero hasta que lleguen noticias.	*Ich werde warten, bis es Nachrichten gibt.*
En cuanto nos llaman, salimos.	*Wir gehen (immer) fort, sobald sie uns anrufen.*
En cuanto nos llamen, salimos.	*Sobald sie uns anrufen, werden wir fortgehen.*

– in Verbindung mit bestimmten Konjunktionen.

Aunque hace frío vamos al Norte.	*Obwohl es kalt ist, fahren wir in den Norden.*
Aunque haga frío vamos al Norte.	*Auch wenn es kalt sein sollte, fahren wir in den Norden.*
Dado que te interesa, hazlo.	*Da es dich interessiert, mach es.*
Dado que te interese, hazlo.	*Vorausgesetzt, dass es dich interessiert, mach es.*

Leicht gemerkt!

Der Subjuntivo muss verwendet werden:

– in Hauptsätzen zum Ausdruck von Vermutungen.
– in mit **que** eingeleiteten Ausrufesätzen, die eine Willens- oder Wunschäußerung ausdrücken.
– in bestimmten feststehenden Ausdrücken.
– nach unpersönlichen Ausdrücken.
– zur Wiedergabe von Befehlsformen in der indirekten Rede.
– in Relativsätzen, wenn ein Wunsch, eine Vorstellung, eine Eventualität beschrieben wird.
– in mit **que** eingeleiteten Nebensätzen nach Willens-, Gefühls-, oder Meinungsäußerungen.

– nach **no creo que...**, **no pienso que...**
– bei Temporalsätzen, wenn der ausschlaggebende Zeitpunkt auf die Zukunft bezogen ist.
– in Verbindung mit bestimmten Konjunktionen.

Der Subjuntivo des Imperfekts und des Plusquamperfekts

Der Subjuntivo der Vergangenheit kann auf zwei Arten gebildet werden:

Imperfecto de Subjuntivo – **Subjuntivo Imperfekt**			
	-ar	**-er**	**-ir**
	hablar	**aprender**	**vivir**
yo	habla**ra/-se**	aprendie**ra/-se**	vivie**ra/-se**
tú	habla**ras/-ses**	aprendie**ras/-ses**	vivie**ras/-ses**
él/ella/usted	habla**ra/-se**	aprendie**ra/-se**	vivie**ra/-se**
nosotros/nosotras	hablá**ramos/ -semos**	aprendié**ramos/ -semos**	vivié**ramos/ -semos**
vosotros/vosotras	habla**rais/-seis**	aprendie**rais/ -seis**	vivie**rais/ -seis**
ellos/ellas/ustedes	habla**ran/-sen**	aprendie**ran/-sen**	vivie**ran/-sen**

Pluscuamperfecto de Subjuntivo – **Subjuntivo Plusquamperfekt**		
haber (Imperfecto de Subjuntivo) + Participio	hubiera/-se hubieras/-ses hubiera/-se hubiéramos/-semos hubierais/-seis hubieran/-sen	hablado aprendido vivido

Die beiden Formen des Subjuntivo Imperfekt und Plusquamperfekt sind inhaltlich identisch und deshalb austauschbar. Es gibt allerdings Verben, bei denen sich eine Form gegenüber der anderen stärker durchgesetzt hat und somit gebräuchlicher ist. So wird z. B. **quisiera** häufiger verwendet als **quisiese**, **parase** häufiger als **parara** usw.

Sie können die Formen des Subjuntivo Imperfekt ganz einfach von der 3. Person Plural des Indefinido ableiten.

habla**ron**		
aprendie**ron**		-ra/-se
vivie**ron**		-ras/-ses
hicie**ron**	+	-ra/-se
estuvie**ron**		-ramos/-semos
dije**ron**		-rais/-seis
fue**ron**		-ran/-sen
hubie**ron**		

Der Gebrauch des Subjuntivo Imperfekts und des Plusquamperfekts

Der Gebrauch des Subjuntivo der Vergangenheit folgt denselben Regeln wie der Gebrauch des Subjuntivo des Präsens. In den Fällen jedoch, in denen der Hauptsatz in der Vergangenheit steht, wird im Nebensatz der Subjuntivo Präsens zum Subjuntivo Imperfekt und der Subjuntivo Perfekt zum Subjuntivo Plusquamperfekt.

No quiero que vengas.	*Ich will nicht, dass du kommst.*
No quise que vinieras.	*Ich wollte nicht, dass du kommst.*
Es importante que lo hagas.	*Es ist wichtig, dass du es machst.*
Era importante que lo hicieras.	*Es war wichtig, dass du es gemacht hast.*
Me extraña que lo haya dicho.	*Es wundert mich, dass er/sie es gesagt hat.*
Me extrañó que lo hubiese dicho.	*Es wunderte mich, dass er/sie es gesagt hatte.*

Leicht gemerkt!

Hauptsatz steht in der Vergangenheit:

Nebensatz: Subjuntivo Präsens → Subjuntivo Imperfekt
Subjuntivo Perfekt → Subjuntivo Plusquamperfekt

Die nicht konjugierten Formen des Verbs

Der Infinitiv, das Gerundium und das Partizip dienen in Verbindung mit einem Hilfsverb zur Bildung von Zeiten, in Verbindung mit einem weiteren Vollverb zur Bildung von Verbalkonstruktionen – feste Verbindungen, die im Spanischen sehr gebräuchlich sind.

Der Infinitiv

Den Infinitiv erkennen Sie an den Endungen **-ar**, **-er** oder **-ir.**

Infinitivo – **Infinitiv**			Infinitivo II – **Infinitiv II**		
			haber (Infinitivo)	+	Participio
-ar	**-er**	**-ir**			hablado
habl**ar**	aprend**er**	viv**ir**	haber		aprendido
					vivido

Verbalkonstruktionen mit dem Infinitiv

acabar de	Acabo de hablar con ella.	*Ich habe gerade mit ihr gesprochen.*
comenzar/empezar a	Comencé a/Empecé a trabajar ayer.	*Gestern habe ich angefangen zu arbeiten.*
estar a punto de	Estoy a punto de terminarlo.	*Ich bin gleich damit fertig.*
tratar de/intentar	Trata de/Intenta dormir.	*Versuch zu schlafen.*
pensar	Pienso cambiarme de piso.	*Ich habe vor, umzuziehen.*
volver a	Han vuelto a preguntar por ti.	*Sie haben wieder/nochmals nach dir gefragt.*
dejar de	Hemos dejado de fumar.	*Wir haben aufgehört zu rauchen.*
soler	Solemos acostarnos pronto.	*Normalerweise gehen wir früh schlafen.*
ponerse a	De pronto se puso a gritar.	*Er/Sie fing plötzlich an zu schreien.*
ir a	Voy a comprar.	*Ich gehe einkaufen.*
atreverse a	No me atrevo a decirlo.	*Ich traue mich nicht es zu sagen.*
dejar	¡Déjame ir!	*Lass mich gehen!*

obligar a/hacer	El tiempo nos obligó a/nos hizo regresar.	*Das Wetter zwang uns dazu, zurückzukehren.*
conseguir/lograr	No conseguí/logré llegar a tiempo.	*Ich schaffte es nicht/Es gelang mir nicht, rechtzeitig zu kommen.*
saber	No sabe leer ni escribir.	*Er/Sie kann weder lesen noch schreiben.*
oír bzw. **ver**	¿Me oíste llegar? – No, pero sí te vi encender la luz.	*Hast du mich kommen hören? – Nein, aber ich habe dich das Licht anmachen sehen.*

Das Gerundium

Die zweite unpersönliche Form lässt sich sehr leicht aus dem Infinitiv ableiten.

Gerundio – **Gerundium**			
Verben der 1. Gruppe tauschen **-ar** gegen **-ando**	cantar	→	cant**ando**
Verben der 2. u. 3. Gruppe tauschen **-er** bzw. **-ir** gegen **-iendo**	comer	→	com**iendo**
	escribir	→	escrib**iendo**

Sie sollten bei der Bildung des Gerundiums jedoch auf folgende Unregelmäßigkeiten achten:

– Bei Verben auf **-ir**, die im Indikativ Präsens die Stammvokalveränderung **e → i** oder **e → ie** erfahren, wird im Gerundium das **e** zu **i**.

pedir	**pid**iendo	**decir**	**dic**iendo
sentir	**sint**iendo	**reír**	**r**iendo
seguir	**sigu**iendo		

– Bei Verben, deren Stamm auf Vokal endet, wird das **-i-** zwischen zwei Vokalen zu **-y-**.

leer	le**y**endo
oír	o**y**endo
ir	**y**endo

– Bei folgenden drei Verben wird der Stammvokal **-o-** zu **-u-**.

dormir	d**u**rmiendo
morir	m**u**riendo
poder	p**u**diendo

Das Gerundium wird verwendet

– als Verkürzung von Nebensätzen, die im Deutschen mit *indem*, *weil*, *während*, *wenn*, *da*, *als* eingeleitet werden. Es steht in diesem Fall alleine und schließt sich häufig an die konjugierte Form des Verbs an.

Leyendo se aprende mucho.	*Man lernt viel beim Lesen/indem man liest.*
Se levantó llorando.	*Er/Sie stand heulend auf.*
Me caí bajando la escalera.	*Ich stürzte, als ich die Treppe runterging.*
He venido andando.	*Ich bin zu Fuß gekommen.*
Llegó corriendo.	*Er/Sie kam angerannt.*
No arreglas nada enfadándote.	*Es bringt nichts, wenn du dich ärgerst.*

– zur Bildung der Verlaufsform, d. h. zur Bezeichnung einer Handlung, die gerade stattfindet, wobei der Verlauf der Handlung in besonderer Weise betont wird. In diesem Fall steht das Gerundium mit der konjugierten Form von **estar**.

¿Qué estás haciendo?	*Was machst du da/gerade?*
Siempre estaba cantando.	*Er/Sie war immer am Singen.*
¿Todavía estás comiendo?	*Bist du immer noch beim Essen?*
¿Por qué (te) has estado riendo en clase?	*Warum hast du im Unterricht die ganze Zeit gelacht?*
Estoy trabajando en un café.	*Zur Zeit jobbe ich in einem Café.*
Estuvimos viviendo un tiempo en Berlín.	*Wir wohnten eine Zeit lang in Berlin.*
Te estaré esperando aquí.	*Ich werde hier auf dich warten.*
Habíamos estado pensando mucho sobre ello.	*Wir hatten lange darüber nachgedacht.*

Verbalkonstruktionen mit dem Gerundium

seguir/continuar	Sigue/Continúa leyendo, por favor.	*Lies bitte weiter.*
llevar + Zeitraum	Llevo seis años viviendo aquí.	*Ich wohne schon sechs Jahre hier.*
ir	Vamos arreglando la casa.	*Wir renovieren nach und nach das Haus.*
venir	Viene dándose este problema desde hace tiempo.	*Dieses Problem taucht seit einiger Zeit immer wieder auf.*

empezar	El conferenciante empezó citando a Goethe.	*Der Referent fing mit einem Zitat von Goethe an.*
acabar/terminar	Acabaron/Terminaron mudándose.	*Schließlich sind sie umgezogen.*
pasarse + Zeitraum	Te pasas el día trabajando.	*Du arbeitest den ganzen Tag.*

Das Partizip

Das Partizip lässt sich nach zwei Regeln vom Infinitiv ableiten.

Participio – **Partizip**	
Verben, der 1. Gruppe tauschen **-ar** gegen **-ado**	sent**ar** → sent**ado**
Verben, der 2. und 3. Gruppe tauschen **-er** bzw. **-ir** gegen **-ido**	com**er** → com**ido** sent**ir** → sent**ido**

Bei den Partizipien gibt es jedoch zahlreiche unregelmäßige Formen – auch bei sonst regelmäßigen Verben.

decir: dicho   **hacer:** hecho   **poner:** puesto   **ver:** visto
abrir: abierto   **escribir:** escrito   **freír:** frito   **imprimir:** impreso
romper: roto   **morir:** muerto   **volver:** vuelto   **proveer:** provisto

Dies gilt natürlich auch für alle von diesen abgeleiteten, zusammengesetzten Verben.

predecir: predicho   **deshacer:** deshecho   **reponer:** repuesto

Das Partizip kann alleine oder als Teil einer Verbalkonstruktion im Satz stehen. Während das Partizip in den zusammengesetzten Zeiten unveränderlich ist, wird es in diesen Fällen an das Substantiv in Zahl und Geschlecht angeglichen.

Terminada **la representación, el público aplaudió durante diez minutos.**
Nachdem die Aufführung beendet war, klatschte das Publikum zehn Minuten lang Beifall.
Encontré a los niños ya dormidos.
Ich fand die Kinder schon schlafend vor.

Verbalkonstruktionen mit dem Partizip

estar sentado, -a	Estábamos sentados en el jardín.	*Wir saßen im Garten.*
estar tumbado, -a	Está tumbada al sol.	*Sie liegt in der Sonne.*
estar levantado, -a	¿Ya estáis levantados?	*Seid ihr schon auf?*
llevar + Zeitraum	Los documentos llevan días preparados.	*Die Unterlagen sind seit Tagen abholbereit.*
dejar	¿Quién ha dejado la luz encendida?	*Wer hat das Licht angelassen?*

Das Passiv

Bei der Bildung des Passivs ist Folgendes zu beachten:

– Das Passiv wird mit dem Hilfsverb **ser** + Partizip Perfekt gebildet.
– Nur transitive Verben, d. h. Verben, die ein direktes Objekt haben, können im Passiv verwendet werden.
– Das Partizip richtet sich in Geschlecht und Zahl nach dem Subjekt des Satzes.
– Der Urheber der Handlung wird durch die Präposition **por** angeschlossen.

La exposición ha sido inaugurada **esta mañana.**
Die Ausstellung ist heute Morgen eröffnet worden.

Los manifestantes fueron controlados **por la policía.**
Die Demonstranten wurden von der Polizei kontrolliert.

Los resultados son esperados **con impaciencia.**
Die Ergebnisse werden ungeduldig erwartet.

El "Quijote" fue escrito **por Cervantes.**
Der „Don Quichotte" wurde von Cervantes geschrieben.

Ha sido descubierto **un nuevo remedio contra el cáncer.**
Es ist ein neues Mittel gegen den Krebs entdeckt worden.

 Das Passiv wird im Spanischen hauptsächlich in der Schriftsprache verwendet. Im alltäglichen Sprachgebrauch hört man dagegen häufig die folgenden Alternativen zum Passiv:

En España se hablan **cuatro lenguas.**
In Spanien werden vier Sprachen gesprochen.

En esta empresa exigen **traje.**
In diesem Unternehmen herrscht Anzugspflicht.

9 | Das Pronomen

Der Name zeigt schon, was den Pronomen für ein Wert in der Sprache zukommt. Die *Pro-Nomen* oder Fürwörter stehen in der Tat für andere Wörter, die durch sie ersetzt oder betont werden. So vielfältig die Inhalte sind, die durch Pronomen ersetzt werden können, so vielfältig sind auch die unterschiedlichen Gruppen der Pronomen:

Die einen beziehen sich auf Personen, die anderen auf etwas Abstraktes oder Unbekanntes. Mit manchen kann der Standpunkt des Sprechers zum bezeichneten Objekt verdeutlicht werden, wieder andere drücken Besitzverhältnisse aus.

Das Demonstrativpronomen

Die Demonstrativpronomen, auch hinweisende Pronomen, weisen, wie der Name verrät, auf die Entfernung hin, die uns vom Erwähnten trennt.

Im Spanischen herrscht dabei grundsätzlich eine dreiteilige Anschauung des Raumes:

– Das Demonstrativpronomen **este, -a** drückt aus, dass sich ein Gegenstand oder eine Person im direkten Bereich und in greifbarer Nähe des Sprechers befindet.

este periódico	*diese Zeitung (hier)*	**esta** mujer	*diese Frau (hier)*
estos niños	*diese Kinder (hier)*	**estas** botellas	*diese Flaschen (hier)*

– Möchte man auf einen Gegenstand oder eine Person hinweisen, die sich in der Nähe des Sprechers befindet aber nicht greifbar ist oder die im Bereich des Gesprächspartners liegt, verwendet man das Demonstrativpronomen **ese, -a.**

ese chico	*der Junge (da)*	**esa** *flor*	*die Blume (da)*
esos papeles	*die Papiere (da)*	**esas** *personas*	*die Menschen (da)*

– Befindet sich der Gegenstand oder die Person weder in der Nähe des Sprechers noch des Angesprochenen und ist er für beide nicht greifbar, verwendet man das Demonstrativpronomen **aquel, aquella.**

aquel hombre	der Mann dort/jener Mann
aquella montaña	der Berg dort/jener Berg
aquellos árboles	die Bäume dort/jene Bäume
aquellas nubes	die Wolken dort/jene Wolken

Die Demonstrativpronomen können sowohl das Substantiv begleiten als auch alleine stehen; im letzten Fall tragen sie in der Regel einen Akzent.

¿Quieres este trozo de pastel?	Willst du dieses Stück Kuchen?
No, prefiero ése de al lado.	Nein, ich hätte lieber das daneben.

Zu den drei angeführten Demonstrativpronomen gibt es auch ein Neutrum (esto, eso, aquello), das jedoch nie zusammen mit einem Substantiv gebraucht wird und immer allein steht (und deshalb keinen Akzent benötigt).

¿Qué es eso?	Was ist das?
¿Esto? Un salchichón.	Das hier? Eine Pfefferwurst.

Leicht gemerkt!

	Sing.	Plural	
(m)	este	estos	
(f)	esta	estas	(de aquí)
(m)	ese	esos	
(f)	esa	esas	(de ahí)
(m)	aquel	aquellos	
(f)	aquella	aquellas	(de allí)

Die Neutrumformen esto, eso, aquello stehen nie bei einem Substantiv und tragen nie einen Akzent.

Das Interrogativpronomen

Um Fragen zu stellen, auf die man mit *ja* oder *nein* antworten kann, vertauscht man im Deutschen einfach Subjekt und Verb, im Spanischen nicht einmal das. Hier ist es die Satzmelodie, die aus einem Aussage- einen Fragesatz macht. In diesem Fall hebt sich die Stimme am Ende des Satzes. Wollen Sie eine ausführlichere Antwort haben, beginnen Sie den Fragesatz meist mit einem Interrogativpronomen.

quién/ quiénes *wer*	¿Quién ha llamado?	*Wer hat angerufen?*
	¿A quién esperas?	*Auf wen wartest du?*
	¿Por quién preguntan?	*Nach wem fragen sie?*
	¿Quiénes son los de la izquierda?	*Wer sind jene auf der linken Seite?*
qué *was* *wie viel* *was für ein* *welche(r)*	¿Qué has dicho?	*Was hast du gesagt?*
	¿De qué se trata?	*Um was/Worum geht es?*
	¿Para qué vienes?	*Wozu kommst du?*
	¿Qué hora es?	*Wie viel Uhr ist es?*
	¿Qué novela lees?	*Was für einen Roman liest du?*
	¿Qué abrigo es el de Ana?	*Welcher Mantel ist Anas?*
por qué *warum*	¿Por qué os marcháis ya?	*Warum geht ihr schon?*
	¿Por qué no?	*Warum nicht?*
cómo *wie*	¿Cómo te llamas?	*Wie heißt du?*
	¿Cómo está su familia?	*Wie geht es Ihrer/seiner/ihrer Familie?*
cuánto, -a, -os, -as *wie viel* *wie lange* *wie oft*	¿Cuánta ropa necesitas?	*Wie viel Kleidung brauchst du?*
	¿Cuántos hermanos tienes?	*Wie viele Geschwister hast du?*
	¿Cuánto gana un actor?	*Wie viel verdient ein Schauspieler?*
	¿Cuánto dura el viaje?	*Wie lange fährt man?*
	¿Cuánto tiempo has vivido allí?	*Wie lange hast du dort gewohnt?*
	¿Cuántas veces has estado en Chile?	*Wie oft warst du schon in Chile?*
dónde *wo*	¿Dónde has aprendido español?	*Wo hast du Spanisch gelernt?*
	¿Dónde está la parada?	*Wo ist die Haltestelle?*
adónde *wohin*	¿Adónde quieren ir ustedes?	*Wo möchten Sie hin?*
	¿Adónde vas tan pronto?	*Wohin gehst du so früh?*
de dónde *woher*	¿De dónde son tus amigos?	*Woher sind deine Freunde?*
	¿De dónde vienes?	*Woher kommst du?*
cuál, cuáles *welche(r)*	¿Cuál es la capital?	*Welche ist die Hauptstadt?*
	¿Cuáles son tuyos?	*Welche gehören dir?*
cuándo *wann*	¿Cuándo empieza la peli?	*Wann beginnt der Film?*

Leicht gemerkt!

Merke:

Frage:	**¿por qué?**	*warum?*
Antwort:	**porque**	*weil*
Substantiv:	**el porqué**	*der Grund*

Das Interrogativpronomen

Die Interrogativpronomen findet man natürlich auch in indirekten Fragen.

No sé por qué estás tan triste. *Ich weiß nicht, warum du so traurig bist.*
Nos han dicho cuál es su casa. *Sie haben uns gesagt, welches Ihr/sein/ihr Haus ist.*
Dime qué hora es. *Sag mir, wie spät es ist.*
¿Sabes con quién he hablado? *Weißt du, mit wem ich gesprochen habe?*

oder als Ausruf.

¡Qué bien! *Wie gut!*
¡Cómo no! *Aber klar!*

Leicht gemerkt!

Alle Interrogativpronomen tragen einen Akzent, um sie von anderen Formen zu unterscheiden.

qué – que	*was – dass*
cómo – como	*wie – ich esse*
cuándo – cuando	*wann – wenn*

Das Interrogativpronomen **cuál(es)** bedeutet ebenso wie **qué** *welcher, welche, welches*. Während **qué** vor einem Substantiv gebraucht wird, steht **cuál(es)** immer alleine.

¿Qué reloj le compramos a Paloma? *Welche Uhr kaufen wir Paloma?*
No sé. ¿Cuál te gusta más? *Ich weiß nicht. Welche gefällt dir besser?*
¿Cuál es la capital de Honduras? *Welches ist die Hauptstadt von Honduras?*
¿Cuál es tu nombre/apellido? *Wie heißt du mit Vornamen/ Nachnamen?*

Das Personalpronomen

Das wichtigste aller Pronomen ist sicherlich das Personalpronomen oder auch persönliches Fürwort.

Personalpronomen als Subjekt des Satzes

yo	soy	*ich bin*
tú	eres	*du bist*
él, ella, usted	es	*er/sie ist/Sie sind*
nosotros, nosotras	somos	*wir sind*
vosotros, vosotras	sois	*ihr seid*
ellos, ellas, ustedes	son	*sie/Sie sind*

 Bei den Höflichkeitsformen **usted** und **ustedes** wird unterschieden, ob wir mit einer oder mehreren Personen sprechen.

Gebrauch der Personalpronomen als Subjekt

Obwohl das Spanische über zahlenmäßig mehr Personalpronomen verfügt als das Deutsche, werden diese im Satz meistens weggelassen. Warum? – Weil die Endungen des Verbs schon deutlich genug zeigen, wer das Subjekt des Satzes ist.
Verwendet werden die Personalpronomen trotzdem, dann aber meist zu einem bestimmten Zweck, z. B.

– wenn etwas betont oder hervorgehoben wird,

¿Has roto tú el jarrón?   *Hast du die Vase kaputtgemacht?*
No, ha sido él.   *Nein, das war er.*

– wenn jemand genau identifiziert werden soll,

¿Quién es? – Soy yo.   *Wer ist da? – Ich bin's.*
¿Es usted el Sr. Villa?   *Sind Sie Herr Villa?*
No, yo soy el Sr. López.   *Nein, ich bin Herr López.*

– bei einem Personenwechsel in einem Gespräch.

Soy uruguayo, ¿y usted?   *Ich bin Uruguayer, und Sie?*
Yo soy argentino.   *Ich bin Argentinier.*

Die Höflichkeitsform wird dagegen sehr häufig gebraucht, unter anderem auch deswegen, um eine Verwechslung mit der 3. Person, die die gleiche Verbform aufweist, zu vermeiden.

In ganz Lateinamerika ist die Form **vosotros, -as** ungebräuch-
lich; statt dessen verwendet man immer **ustedes**, auch wenn
man sich mit jemandem duzt:

Roberto, ¿vienes?   *Roberto, kommst du?*

aber

Roberto y Emilio,   *Roberto und Emilio, kommen Sie/*
  ¿vienen ustedes?   *kommt ihr?*

Personalpronomen als direktes und indirektes Objekt des Satzes

Das Angebot an Pronomen im Spanischen ist wesentlich kleiner als im
Deutschen, sobald es nicht mehr um das Subjekt, sondern um die Satz-
objekte geht.

bezogen auf	direktes Objekt	indirektes Objekt	mit Präposition
yo	**me**	**me**	para **mí**
tú	**te**	**te**	para **ti**
él	**lo (le)***		para **él**
ella	**la**	**le**	para **ella**
usted	**lo (le)*, la**		para **usted**
nosotros, -as	**nos**	**nos**	para **nosotros, -as**
vosotros, -as	**os**	**os**	para **vosotros, -as**
ellos	**los (les)***		para **ellos**
ellas	**las**	**les**	para **ellas**
ustedes	**los (les)*, las**		para **ustedes**

* Wenn das direkte Objekt männlich ist und sich auf Menschen
bezieht, dürfen auch die in Klammern stehenden Formen **le** und **les**
gebraucht werden. In der Regel werden diese Formen in Spanien ver-
wendet, während man in Lateinamerika die *echten* Akkusativformen **lo**
und **los** bevorzugt.

Gebrauch der Personalpronomen als Objekt

Im Deutschen wird meist von Akkusativobjekt und Dativobjekt ge-
sprochen, im Spanischen sind die Begriffe **objeto directo** und **objeto
indirecto** – *direktes* und *indirektes Objekt* geläufiger.

direktes Objekt		
	Te hemos visto.	*Wir haben dich gesehen.*
	No **lo** creo.	*Ich glaube es nicht.*
	¿**Os** han invitado?	*Haben sie euch eingeladen?*
	Ya **los** llamo yo.	*Ich rufe sie schon an.*

indirektes Objekt	La película **me** ha gustado.	*Der Film hat mir gefallen.*
	Voy a traer**te** agua.	*Ich bringe dir Wasser.*
	Les darás una alegría.	*Du wirst ihnen eine Freude machen.*
	¿**Le** duele, señor?	*Tut es Ihnen weh?*
mit Präposition	Aún piensa mucho **en ella**.	*Er denkt noch viel an sie.*
	¿Esto es **para mí**?	*Ist das für mich?*
	Estábamos hablando **de ti**.	*Wir haben gerade über dich gesprochen.*
	¡Ven **con nosotros**!	*Komm mit uns!*

Die spanischen Personalpronomen verhalten sich in Verbindung mit Präpositionen ganz anders als im Deutschen.

Bei der Verbindung Präposition + Personalpronomen unterscheidet das Spanische nicht zwischen direktem und indirektem Objekt. Hier gelten für das Personalpronomen stets die gleichen Formen: bei der ersten und zweiten Person sind das die Sonderformen **mí** und **ti**. Bei den übrigen Personen tritt die Subjektform der Personalpronomen in Kraft.

Einen Sonderfall stellt die Präposition **con** dar, bei der statt **mí** und **ti** folgende Zusammensetzungen vorkommen:

conmigo	*mit mir*		**con él**	*mit ihm*
contigo	*mit dir*	aber	**con nosotros**	*mit uns*

Stellung der Pronomen im Satz

Pronomen ohne Präposition stehen immer unmittelbar vor dem Verb. Stehen im Satz zwei Pronomen direkt hintereinander, steht das indirekte immer vor dem direkten Objekt.

¿Quién **me** llama?	*Wer ruft mich (an)?*
Siempre **me lo** cuenta.	*Er/Sie erzählt es mir immer.*
Ya **nos lo** han dicho.	*Sie haben es uns schon gesagt.*

Das Personalpronomen kann an den Infinitiv und an das Gerundium, muss an den bejahten Imperativ angehängt werden (auch wenn es zwei sind!).

¿Vamos a ver**lo**?/¿**Lo** vamos a ver? *Werden wir es sehen?*

Te lo estoy diciendo/Estoy diciéndo**telo**. *Ich sage es dir ja gerade.*

¡Dá**melo**, por favor! *Gib es mir bitte!*

Die normale Wortstellung im Spanischen (nicht bei Pronomen) lautet:

Subjekt – Verb – direktes Objekt – indirektes Objekt

Soll das Objekt betont werden, kann dieses an den Satzanfang vor das Verb gestellt werden. In dem Fall muss es durch das entsprechende Pronomen wiederholt werden.

Pedro lleva la maleta.	*Pedro trägt den Koffer.*
La maleta la lleva Pedro.	*Den Koffer trägt Pedro.*
He dado dinero a Juan.	*Ich habe Juan Geld gegeben.*
A Juan le he dado dinero.	*Juan habe ich Geld gegeben.*

Besonders augenfällig ist die Wiederholung des indirekten Objekts durch das entsprechende Pronomen bei Verben wie **gustar**, **encantar**, **doler**. Das Objekt ist bei diesen Verben häufig emotional belegt, so dass es eine besondere Betonung erfährt und in der Regel vorangestellt wird.

A mí me encanta la montaña, pero a mi novio le gusta la playa.	*Mir gefällt es äußerst gut in den Bergen, aber meinem Freund gefällt es am Strand.*
A mi hijo siempre le duele algo.	*Meinem Sohn tut immer etwas weh.*

Stehen zwei Objekte im Satz und stehen die indirekten Objekte **le**, **les** vor den direkten Objekten **lo, los, la, las**, werden **le** und **les** immer zu **se**:

Mañana se lo doy.	*Morgen gebe ich es ihm/ihr/ihnen/Ihnen.*
¿La llave? Se la he dado a tu hermano.	*Den Schlüssel? Den habe ich deinem Bruder gegeben.*

Leicht gemerkt!

Das Personalpronomen wird gebraucht
- um zu betonen.
- um jemanden zu identifizieren.
- bei Personenwechsel im Gespräch.

usted, ustedes
- wird oft gebraucht, um eine Verwechslung mit der 3. Person zu vermeiden.
- steht in Lateinamerika für **vosotros/vosotras**, auch wenn man sich duzt.

con + mí	→ **conmigo**	*mit mir*
con + ti	→ **contigo**	*mit dir*
con + sí	→ **consigo (mismo)**	*mit sich (selbst)*

Stehen im Satz zwei Pronomen direkt hintereinander, gilt:
Dativ (indirektes Pronomen) vor Akkusativ (direktes Pronomen).

Das Personalpronomen muss an den bejahten Imperativ angehängt werden.

An einen Infinitiv und an ein Gerundium kann es angehängt werden.

Vor Verben wie **encantar, gustar, doler** wird das indirekte Objekt durch das entsprechende Pronomen wiederholt und somit verstärkt.

Vor **lo, los, la, las** werden **le** und **les** immer zu **se.**

Das Reflexivpronomen

Reflexiv oder rückbezüglich bedeutet nichts anderes, als dass die Handlung auf den Handelnden zurückfällt: Wenn Sie *sich* z. B. waschen, handeln Sie nicht nur, sondern sind auch direkt von der Handlung betroffen. Sie sind sowohl Subjekt als auch Objekt der Handlung.

lavarse – *sich waschen*					
yo	**me**	lavo	nosotros	**nos**	lavamos
			nosotras		
tú	**te**	lavas	vosotros	**os**	laváis
			vosotras		
él			ellos		
ella	**se**	lava	ellas	**se**	lavan
usted			ustedes		

Im Spanischen spielt es dabei keine Rolle, ob das Reflexivpronomen direktes oder indirektes Objekt ist.

Me lavo por las mañanas.   *Ich wasche mich morgens.*
Me lavo las manos.   *Ich wasche mir die Hände.*

Das Reflexivpronomen steht vor der konjugierten Verbform und hinter der Verneinung. Es kann an den Infinitiv und an das Gerundium, muss an den bejahten Imperativ angehängt werden.

¿Se ha afeitado ya Luis?   *Hat Luis sich schon rasiert?*
El niño no se quiere peinar/   *Das Kind will sich nicht kämmen.*
no quiere peinarse.

Isabel se está vistiendo/está vistiéndose.   *Isabel zieht sich gerade an.*

¡Tranquilízate, hombre!   *Beruhige dich, Mensch!*

Im Spanischen gibt es zahlreiche reflexive Verben, die im Deutschen nicht reflexiv sind. Lassen Sie sich also nicht davon irritieren, dass Spanier und Lateinamerikaner nicht heißen, sondern *sich nennen*, nicht aufstehen, sondern *sich erheben* und nicht gehen, sondern *sich gehen*.

llamarse	*heißen*	**marcharse**	*fortgehen*
levantarse	*aufstehen*	**comerse**	*aufessen*
acostarse	*schlafen gehen*	**beberse**	*austrinken*
ducharse	*duschen*	**caerse**	*hinfallen*
bañarse	*baden*	**mudarse**	*(sich) umziehen*

Zahlreiche Verben werden im Spanischen sowohl reflexiv als auch nicht reflexiv gebraucht. Bei einigen Verben ändert sich dabei die Bedeutung nicht wesentlich; die reflexive Form drückt entweder eine stärkere Gefühlsbezogenheit des Sprechers aus

El presidente murió en 1993.   *Der Präsident starb 1993.*

Hace dos meses se murió mi tío.   *Mein Onkel ist vor zwei Monaten gestorben.*

oder ist umgangssprachlicher als die nicht reflexive Form.

Rieron al oír el chiste.   *Sie lachten bei dem Witz.*

Nos reímos muchísimo.   *Wir haben viel gelacht.*

Meist bestehen jedoch Bedeutungsunterschiede zwischen dem reflexiven und nicht reflexiven Gebrauch eines Verbs.

cambiar	*(sich) ändern, wechseln*	**cambiarse**	*sich umziehen*
dormir	*schlafen*	**dormirse**	*einschlafen*
ir	*gehen, fahren*	**irse**	*weggehen*
parecer	*scheinen*	**parecerse**	*sich ähneln*
quedar	*übrig bleiben, sich verabreden*	**quedarse**	*bleiben*
romper	*kaputt machen*	**romperse**	*kaputtgehen*

Das Reflexivpronomen

– steht vor dem konjugierten Verb und hinter der Verneinung.
– muss an einen bejahten Imperativ angehängt werden.
– kann an einen Infinitiv oder an ein Gerundium angehängt werden.

Nicht alle Verben, die im Spanischen reflexiv sind, sind das auch im Deutschen (und umgekehrt).

Zahlreiche Verben werden sowohl reflexiv als auch nicht reflexiv gebraucht. Meistens gibt es zwischen dem nicht reflexiven und dem reflexiven Verb große Bedeutungsunterschiede.

Der Gebrauch von se

Hier ein kurzer Überblick über die unterschiedlichen Bedeutungen von **se**:

– **Se** ist das Reflexivpronomen für die 3. Person Singular und Plural.

El se ha bebido una botella de agua.	*Er hat eine Flasche Wasser getrunken.*
Ellas se han levantado bastante tarde.	*Sie sind ziemlich spät aufgestanden.*

– Wie bereits erwähnt, ersetzt **se** die Form **le(s)** vor **lo(s)**, **la(s)**.

He regalado los libros a Leila.	*Ich habe Leila die Bücher geschenkt.*
Se los he regalado.	*Ich habe sie ihr geschenkt.*

– **Se** mit der 3. Person des Verbs bildet die unpersönliche Form und wird häufig als Umschreibung des Passivs benutzt.

Aquí se habla alemán.	*Hier wird Deutsch gesprochen.*
Se cuenta que...	*Es wird erzählt, dass ...*

– Wird ein reflexives Verb unpersönlich gebraucht, so benötigen wir die Konstruktion **uno se**:

Uno se preocupa.	*Man macht sich Gedanken.*

Das Possessivpronomen

Bei den Possessivpronomen oder auch besitzanzeigenden Pronomen gibt es im Spanischen grundsätzlich zwei Varianten: Die unbetonte Form, die vor dem Substantiv gebraucht wird, und die allein stehende, betonte Form. Aber Vorsicht: *betont* und *unbetont* bezieht sich hier auf die Betonung im Satz und nicht unbedingt darauf, dass Sie mit einer der zwei Alternativen dem Gesagten mehr Nachdruck verleihen.

Besitzer ist	unbetonte Form		betonte Form
yo	**mi** **mis**	padre/madre amigos/amigas	**mío, -a** **míos, -as**
tú	**tu** **tus**	novio/novia hermanos/ hermanas	**tuyo, -a** **tuyos, -as**
él/ella/usted	**su** **sus**	gato/gata gatos/gatas	**suyo, -a** **suyos, -as**
nosotros, -as	**nuestro, -a** **nuestros, -as**	vecino/vecina vecinos/vecinas	**nuestro, -a** **nuestros, -as**
vosotros, -as	**vuestro, -a** **vuestros, -as**	hijo/hija hijos/hijas	**vuestro, -a** **vuestros, -as**
ellos/ellas/ ustedes	**su** **sus**	coche/bicicleta coches/bicicletas	**suyo, -a** **suyos, -as**

An der Form erkennt man schnell, wer als Besitzer angesprochen wird. Die Endung dagegen richtet sich nach dem bezeichneten Objekt.

Die unbetonte Form des Possessivpronomens steht immer vor einem Substantiv.

Die betonte Form des Possessivpronomens steht

– nach einem Substantiv,

Son unos amigos nuestros. *Sie sind Freunde von uns.*
Tengo unos compactos tuyos. *Ich habe ein paar CDs von dir.*

– nach dem Verb **ser** im Sinne von *gehören*,

¿De quién es esto? – *Wem gehört das? –*
Es nuestro. *Es gehört uns.*
¿Es tuyo este perro? – *Gehört dir dieser Hund? –*
No, no es mío, es suyo. *Nein, er gehört nicht mir, er gehört ihm/ihr/Ihnen.*

– nach dem Artikel, wenn das Substantiv nicht wiederholt werden soll.

¿Cuál es tu bolígrafo? –	*Welcher ist dein Kuli?* –
El mío es el negro.	*Meiner ist der Schwarze.*
Necesitamos una radio nueva.	*Wir brauchen ein neues Radio.*
– La nuestra aún funciona.	*– Unseres geht noch.*

 Für die dritte Person gibt es nur das Possessivpronomen **su** im Singular und **sus** im Plural.

Juan vive con sus padres.	*Juan wohnt bei seinen Eltern.*
Lola habla con su novio.	*Lola spricht mit ihrem Freund.*
¿Me dice usted su nombre?	*Sagen Sie mir Ihren Namen?*

Bei Körperteilen, Kleidungsstücken und Dingen, die man trägt, steht der bestimmte Artikel.

Llevo la alianza en la mano izquierda.	*Ich trage meinen Ehering an meiner linken Hand.*
Pedrito, te pusiste las botas al revés.	*Pedrito, du hast dir deine Stiefel falsch herum angezogen.*
Me pica la nariz.	*Meine Nase juckt.*
Hoy me escuecen mucho los ojos.	*Heute brennen meine Augen fürchterlich.*

Das Relativpronomen

Auch als Anfänger möchte man folgende Ausdrucksweise sicherlich vermeiden:

Tengo un vecino.	*Ich habe einen Nachbarn.*
Es muy amable.	*Er ist sehr nett.*
Tiene dos hijos.	*Er hat zwei Kinder.*
Con los hijos voy a veces al cine.	*Mit den Kindern gehe ich ab und zu ins Kino.*

Die Relativpronomen sorgen dafür, dass das schon Gesagte nicht immer wiederholt werden muss. Im Spanischen ist dies eine recht einfache Sache.

Tengo un vecino que es muy simpático y que tiene dos hjos con los que a veces voy al cine.	*Ich habe einen Nachbarn, der sehr nett ist und zwei Kinder hat, mit denen ich ab und zu ins Kino gehe.*

Que ist das am häufigsten verwendete Relativpronomen. Es ist unveränderlich und bezieht sich sowohl auf Sachen als auch auf Personen und kann als Subjekt

El amigo que me llamó ayer vive en Quito.	*Der Freund, der mich gestern angerufen hat, lebt in Quito.*

oder direktes Objekt verwendet werden.

¿Tienes los documentos que necesitas?	*Hast du die Unterlagen, die du brauchst?*

Que kann in Verbindung mit einer Präposition und mit oder ohne Artikel stehen, wobei der Artikel sich in Geschlecht und Zahl nach dem Bezugswort richtet.

El ordenador con (el) que trabajo.	*Der PC, mit dem ich arbeite.*
Los amigos de (los) que te he hablado.	*Die Freunde, von denen ich dir erzählt habe.*

El que, la que, los que, las que werden im Sinne von *der(jenige), der/ die(jenige), die/das(jenige), das/die(jenigen), die* verwendet.

Fermín es el que canta tan alto.	*Fermín ist der(jenige), der so laut singt.*
Los que viven aquí tienen dinero.	*Die(jenigen), die hier wohnen, haben Geld.*

Lo que hat die Bedeutung von *was*.

Todo lo que dices lo sabía ya.	*Alles, was du sagst, wusste ich schon.*
Pueden preguntar lo que no sepan.	*Sie können fragen, was Sie nicht wissen.*

Die Relativpronomen **el/la cual, los/las cuales** können sich auf Sachen oder Personen beziehen und gehören der gehobeneren Sprache an.

La obra con la cual alcanzó la fama.	*Das Werk, mit welchem er/sie berühmt wurde.*

Das Relativpronomen **quien(es)** steht für Personen (meist in Verbindung mit einer Präposition).

El amigo con quien viajo.	*Der Freund, mit dem ich reise.*

Das Relativpronomen **donde** bezieht sich auf den Ort, **cuando** auf die Zeit.

La casa donde/en (la) que/en la cual **vivo.**	*Das Haus, wo/in dem ich wohne.*
Los años cuando/en que **iba a la escuela.**	*Die Jahre, als/in denen ich zur Schule ging.*

Die Formen **cuyo, cuya, cuyos, cuyas** drücken Besitz aus und richten sich im Gegensatz zum Deutschen in Geschlecht und Zahl nicht nach dem vorangehenden, sondern nach dem darauf folgenden Substantiv.

La escritora cuyo libro **apareció ayer.**	*Die Schriftstellerin, deren Buch gestern erschienen ist.*
El profesor cuyas clases **son tan famosas.**	*Der Lehrer, dessen Unterrichtsstunden so bekannt sind.*

Das Relativpronomen **que**

– ist unveränderlich und bezieht sich sowohl auf Sachen als auch auf Personen.
– es kann als Subjekt oder Objekt verwendet werden.
– es kann in Verbindung mit einer Präposition und sowohl mit als auch ohne Artikel stehen.

El que, la que, los que, las que werden im Sinne von *der(jenige), der/die(jenige), die/das(jenige), das/die(jenigen), die* verwendet.

Weitere Relativpronomen sind:

El/la cual, los/las cuales	bezieht sich auf Sachen oder Personen.
Quien(es)	steht für Personen (meist in Verbindung mit einer Präposition).
Donde	bezieht sich auf den Ort.
Cuando	bezieht sich auf die Zeit.
Cuyo, cuya, cuyos, cuyas	richtet sich in Geschlecht und Zahl nach dem darauf folgenden Substantiv.

Das Indefinitpronomen

Mit den Indefinitpronomen bezeichnen Sie häufig etwas Unbestimmtes, eine unbestimmte Person oder Sache. Die folgenden Erläuterungen konzentrieren sich auf die Unterschiede in Form und Gebrauch zum Deutschen, da es ansonsten in der Regel kaum zu Schwierigkeiten im Umgang mit diesen Pronomen kommt.

algo	¿Necesita usted algo?	*Brauchen Sie etwas?*
alguien	¿Ha venido alguien?	*Ist jemand gekommen?*
nada	No, gracias, nada.	*Nein, danke; nichts.*
nadie	No, nadie.	*Nein, niemand.*
alguno, -a	¿Alguno de vosotros sabe la hora?	*Weiß (irgend)einer von euch, wie viel Uhr es ist?*
algunos, -as	Si necesitas sellos, aquí hay algunos.	*Wenn du Briefmarken brauchst, hier sind welche.*
algún	¿Conoces algún hotel por aquí?	*Kennst du (irgend)ein Hotel in der Nähe?*
ninguno, -a	Ninguno tiene reloj.	*Keiner hat eine Uhr.*
ningún	Ningún compañero lo ha visto.	*Kein Kollege hat ihn gesehen.*
todo	¿Has terminado todo?	*Hast du alles fertig gemacht?*
todo, -a	Tengo que limpiar toda la casa.	*Ich muss das ganze Haus putzen.*
todos, -as	Mi abuela me llama todos los días.	*Meine Oma ruft mich jeden Tag an.*
mucho	Aquí no se gana mucho.	*Hier verdient man nicht viel.*
mucho, -a	Tú comes mucha fruta.	*Du isst viel Obst.*
muchos, -as	Hemos visto muchas cosas.	*Wir haben viel gesehen.*
poco	Nos conocemos muy poco.	*Wir kennen uns kaum.*
poco, -a	Tienes poca paciencia.	*Du hast wenig Geduld.*
pocos, -as	Ahora hay pocas oportunidades.	*Jetzt gibt es wenige Gelegenheiten.*
tanto	No debes beber tanto.	*Du sollst nicht so viel trinken.*
tanto, -a	¿Por qué ves tanta tele?	*Warum siehst du so viel fern?*
tantos, -as	¡Aquí hay tantos peces!	*Hier gibt es so viele Fische!*
bastante	No tengo bastante para pagar.	*Ich habe nicht genug zum Zahlen.*
bastantes	Quedan bastantes horas.	*Wir haben noch genügend Zeit bis dahin.*
demasiado	Creo que como demasiado.	*Ich glaube, ich esse zu viel.*
demasiado, -a	Hemos puesto demasiada sal.	*Wir haben zu viel Salz hineingetan.*
varios, -as	Comentamos varios puntos.	*Wir kommentierten mehrere Punkte.*

cierto, -a	He visto a cierta persona.	Ich habe eine gewisse Person gesehen.
otro, -a	Prefiero otro color.	Mir ist eine andere Farbe lieber.
cualquier	Diles cualquier cosa.	Sag ihnen irgendetwas.
cualquiera	Eso no lo hace cualquiera.	Das tut nicht jeder.
semejante	Semejante pregunta era esperable.	Eine solche Frage war zu erwarten.
cada	Cada día hace más calor.	Es wird jeden Tag wärmer.

Mengenangaben wie **mucho, poco, tanto, demasiado** sind veränderlich, sobald sie sich auf ein Substantiv beziehen.

No quiero mucho.　　　　*Ich will nicht viel.*

aber

No quiero mucha (leche).　　*Ich will nicht viel (Milch).*

Alguno wird vor Substantiven zu **algún**, **ninguno** zu **ningún**. Dies gilt jedoch nur für die männliche, nicht für die weibliche Form oder den Plural.

¿Nos queda algún sello?　　*Haben wir eine Briefmarke übrig?*

aber

Aquí debe de haber alguno.　*Hier wird noch eine sein.*
No tengo ningún problema.　*Ich habe kein Problem.*

aber

Yo tampoco tengo ninguno.　*Ich habe auch keines.*

Im Gegensatz zu **muy**, das immer nur zusammen mit einem Adjektiv oder Adverb vorkommt, kann **mucho** allein hinter dem Verb stehen (▶ S. 42).

Marisa escribe mucho.　　*Marisa schreibt viel.*
Te quiero mucho.　　　　*Ich liebe dich sehr.*
Me gusta mucho.　　　　*Er/Sie/Es gefällt mir sehr.*

Otro, -a wird nie zusammen mit dem unbestimmten Artikel **un, una** gebraucht.

Hemos recibido otra carta.　*Wir haben noch einen Brief erhalten.*
Prefiero otro color.　　　*Ich hätte lieber eine andere Farbe.*

aber

El otro me gusta más.　　*Der andere gefällt mir besser.*

Im Gegensatz zum Deutschen wird das verneinende Wort **ninguno** fast nie im Plural verwendet.

Siempre vienen muchos   *Es kommen immer viele Touristen,*
 turistas, pero este año no   *aber dieses Jahr haben wir*
 hemos visto ninguno.   *keine gesehen.*

aber

No se ha comprado ningunos   *Er hat sich kein Fernglas gekauft.*
 prismáticos.
Ningunas tijeras cortan tan   *Keine Schere schneidet so gut*
 bien como las mías.   *wie meine.*

Leicht gemerkt!

Mucho, poco, tanto, demasiado	sind veränderlich, sobald sie sich auf ein Substantiv beziehen.
Mucho	kann alleine hinter dem Verb stehen.
Alguno und **ninguno**	werden vor dem männlichen Substantiv zu **algún** und **ningún** verkürzt.
Ningunos, ningunas	stehen nur vor Substantiven, die normalerweise in der Pluralform gebraucht werden (pantalones, prismáticos, tijeras, gafas).
Otro, otra	steht nie mit dem unbestimmten Artikel.

10 Die Präposition

Präpositionen, auch Verhältniswörter genannt, drücken einen örtlichen, zeitlichen oder modalen Bezug (Art und Weise) zwischen Dingen und Personen aus. Der Form nach unterscheidet man zwischen einfachen Präpositionen, die aus nur einem Wort bestehen und präpositionalen Ausdrücken, die sich aus mehreren Wörtern zusammensetzen.

Die wichtigsten einfachen Präpositionen sind:

a

Richtung

Vamos a la montaña/al campo.	*Wir fahren in die Berge/aufs Land.*
Voy a casa de Alberto.	*Ich gehe zu Alberto.*

mit Uhrzeiten

a las doce menos cuarto	*um Viertel vor zwölf*
a las cinco en punto	*genau um fünf Uhr*

bei folgenden Beförderungsmöglichkeiten

a pie	*zu Fuß*
a caballo	*zu Pferd*

zu bestimmten Zeitpunkten

a mediodía/medianoche	*mittags/um Mitternacht*
a la mañana/la tarde/la noche	*morgens/abends/nachts*

Entfernungen

León está a 300 Km. de Madrid.	*León liegt 300 km weit von Madrid entfernt.*

Himmelsrichtungen

Jaén está al norte de Granada, Motril, al sur.	*Jaén liegt nördlich von Granada, Motril südlich.*

mit Infinitiv

Voy a estudiar Medicina.	*Ich werde Medizin studieren.*
Al verlos me alegré mucho.	*Ich freute mich sehr, als ich sie sah.*

mit einem indirekten Objekt (~ Dativ)

A nosotros nos gusta la playa.	*Uns gefällt es gut am Strand.*
A tu hermano no le va bien.	*Deinem Bruder geht es nicht gut.*

wenn das direkte Objekt (~ Akkusativ) bestimmte Personen oder Lebewesen bezeichnet

Recojo a Pilar.	*Ich hole Pilar ab.*
¿Entiendes al profesor?	*Verstehst du den Lehrer?*
aber	
Tengo muchos amigos.	*Ich habe viele Freunde.*
Necesitamos un médico.	*Wir brauchen einen Arzt.*

de

Herkunft

Soy de Valencia.	*Ich komme/bin aus Valencia.*
caviar del Irán	*Kaviar aus dem Iran*

Ursache oder nähere Bestimmung

Tiemblan de miedo.	*Sie zittern vor Angst.*
Me muero de hambre.	*Ich sterbe vor Hunger.*

Besitz

Las gafas son de José.	*Die Brille gehört José.*
la habitación de mis padres	*das Zimmer meiner Eltern*

nach Menge, Maß oder Anzahl

dos kilos de manzanas	*zwei Kilo Äpfel*
un litro de leche	*ein Liter Milch*
un poco de español	*ein bisschen Spanisch*

Stoff

un mueble de madera	*ein hölzernes Möbel*
El jarrón es de cristal.	*Die Vase ist aus Glas.*

Augenblicklicher Ausgangspunkt

Llego del trabajo.	*Ich komme von der Arbeit.*
Venimos de casa de Wolfgang.	*Wir kommen von Wolfgang.*

für Zusammensetzungen im Deutschen

un collar de perlas	*eine Perlenkette*
el cuarto de trabajo	*das Arbeitszimmer*
un bolso de mano	*eine Handtasche*

Tageszeiten mit Uhrzeit

las once de la noche	*elf Uhr abends*
las tres de la tarde	*drei Uhr nachmittags*

beim Datum

el 12 de octubre de 1492	*am 12. Oktober 1492*

in folgenden Zeitangaben

de día/de noche	*tagsüber/nachtsüber*
(muy) de mañana	*in aller Frühe*

Die Präpositionen **a** und **de** bilden eine Kontraktion (Verschmelzung) mit dem bestimmten männlichen Artikel im Singular.

a + **el** = **al**	
Voy al cine.	*Ich gehe ins Kino.*
aber **Voy a la ópera.**	*Ich gehe in die Oper.*

de + **el** = **del**	
Vienen del trabajo.	*Sie kommen von der Arbeit.*
aber **Vienen de los**	*Sie kommen vom Kauf-*
grandes almacenes.	*haus.*

en	
wo: drinnen, drauf, dran	
en el cajón	*in der/die Schublade*
en la mesa	*auf dem/den Tisch*
en la pared	*an der/die Wand*
en el mundo	*auf der Welt*
bei jemandem zu Hause	
en casa de Ana	*bei Ana (zu Hause)*
en mi casa	*bei mir (zu Hause)*
bei einer Firma	
en Siemens	*bei Siemens*
mit Verkehrsmitteln	
en coche	*mit dem Auto*
en avión	*mit dem Flugzeug*
en bici	*mit dem Fahrrad*
mit Monaten, Feiertagen, Jahreszeiten und Jahren	
en enero	*im Januar*
en Navidad	*an Weihnachten*
en verano	*im Sommer*
en 2007	*2007*
mit Zeitraum	
en una semana	*innerhalb einer Woche*

por	
Tageszeiten	
por la mañana	*vormittags*
por la tarde	*nachmittags*
Zeitraum	
Se va por un año a Salamanca.	*Er/Sie geht für ein Jahr nach Salamanca.*
vage Ortsangabe	
¿Hay una farmacia por aquí?	*Ist hier irgendwo eine Apotheke?*
entlang, hindurch, mitten durch	
Hemos ido por la calle central.	*Wir sind die Hauptstraße entlang gegangen.*
La carretera pasa por un túnel.	*Die Landstraße führt durch einen Tunnel.*
Primero se corta el melón por la mitad.	*Zuerst schneidet man die Melone in der Mitte durch.*
mittels, gegen, dank	
por teléfono, por avión	*telefonisch, per Flugzeug*
por dinero, por 3.000 pesos	*für/gegen Geld, für 3.000 Pesos*
Es posible por ellos.	*Es ist dank ihnen möglich.*
Grund, Beweggrund, Ursache	
Lo hemos hecho por ti.	*Wir haben es für dich getan.*
No iremos allí por las lluvias.	*Wegen des Regens gehen wir nicht dorthin.*
Ha ocurrido por vuestra culpa.	*Es ist euretwegen geschehen.*
beim Passiv	
Venezuela fue liberada por Bolívar.	*Venezuela wurde von Bolívar befreit.*
España fue conquistada por los árabes.	*Spanien wurde von den Arabern erobert.*

para	
Termin, Frist	
para mañana	*bis morgen*
para esta tarde	*bis heute Nachmittag*
para el lunes próximo	*bis nächsten Montag*
Richtung, Ziel	
una carta para Berlín	*ein Brief nach Berlin*
el tren para Bogotá	*der Zug nach Bogotá*

betreffs, in Hinblick auf, nach ... Meinung

muy alto para su edad	*sehr groß für sein/ihr Alter*
demasiado caro para nosotros	*zu teuer für uns*
Para mí no es interesante.	*Für mich ist es nicht interessant.*

Zweck, Absicht, Bestimmung

un regalo para ti	*ein Geschenk für dich*
He alquilado un coche para las vacaciones.	*Ich habe ein Auto für den Urlaub gemietet.*
Para no enfadarme, me marcho.	*Um mich nicht zu ärgern, gehe ich (fort).*

mit Uhrzeit in Lateinamerika

Son las diez para las nueve.	*Es ist zehn Minuten vor neun.*

Weitere einfache Präpositionen, die Sie sich merken sollten:

ante	*vor* (örtlich)
	im/in Hinblick auf
	angesichts
bajo	*unter*
con	*mit*
contra	*gegen*
desde	*von ... aus, ab* (örtlich)
	seit, von ..., ab ... (zeitlich)
durante	*während*
entre	*zwischen*
excepto	*abgesehen von, außer*
hacia	*nach* (örtlich)
	gegen, circa
hasta	*bis*
	sogar, inklusive
mediante	*mittels, durch*
según	*gemäß, nach, laut*
sin	*ohne*
sobre	*auf*
	über
	gegen (zeitlich)
tras	*hinter*
	nach (zeitlich)

Im Deutschen bestimmen die Präpositionen den Fall des Substantivs bzw. Pronomens, mit dem sie auftreten, d. h. der Lernende der deutschen Sprache muss sich stets merken ob eine bestimmte Präposition den Dativ oder den Akkusativ nach sich zieht. Diese Unterscheidung entfällt im Spanischen.

Llamo a mis amigos.	*Ich rufe meine Freunde an.*
Hablo con mis amigos.	*Ich spreche mit meinen Freunden.*
Pongo el cuaderno sobre la mesa.	*Ich lege das Heft auf den Tisch.*
El cuaderno está sobre la mesa.	*Das Heft liegt auf dem Tisch.*

Präpositionale Ausdrücke

Im Folgenden bieten wir Ihnen einen Überblick über die wichtigsten präpositionalen Ausdrücke an. In den Fällen, in denen Sie neben dem präpositionalen Ausdruck auch eine einfache Präposition verwenden können, wird diese angegeben.

Präpositionaler Ausdruck	einfache Präposition	
a causa de	por	*wegen, aufgrund*
a excepción de		*abgesehen von*
a la derecha de		*rechts von*
a la izquierda de		*links von*
a pesar de		*trotz*
a través de	por	*durch*
	mediante	*mittels*
acerca de	sobre	*über*
además de		*neben, zusätzlich zu*
al cabo de	tras	*nach* (zeitlich)
al lado de		*neben, in der Nähe von*
alrededor de		*um ... herum*
antes de		*vor* (zeitlich)
cerca de		*in der Nähe von, nahe bei*
conforme a	según	*nach, gemäß, laut*
de acuerdo con	según	*nach, gemäß, laut*
de cara a	ante	*im/in Hinblick auf, angesichts*
debajo de	bajo	*unter*
debido a	por	*aufgrund, wegen*
delante de	ante	*vor* (örtlich)

dentro de	**en**	*in, innerhalb* (örtlich)
		in (zeitlich)
después de	**tras**	*nach* (zeitlich)
detrás de	**tras**	*hinter*
en cuanto a		*in Bezug auf, bezüglich*
en dirección a	**hacia**	*in Richtung ..., nach*
en lugar de	**en vez de**	*statt, anstelle*
en medio de		*mitten in*
en torno a		*um ... herum*
en vez de		*statt, anstelle*
encima de	**sobre, en**	*auf*
enfrente de		*gegenüber von*
frente a		*gegenüber* (örtlich)
		angesichts
fuera de		*außerhalb von,*
		außen von (örtlich)
	excepto	*außer, abgesehen von*
gracias a		*dank*
junto a		*neben*
	con	*samt, neben*
lejos de		*weit weg von*
pese a		*trotz*
respecto a		*in Bezug auf, bezüglich*

Leicht gemerkt!

Präpositionen und präpositionale Ausdrücke prägen sich nur durch
ständiges Üben ein.

– Führen Sie immer wieder Selbstgespräche und kommentieren Sie
Ihr tägliches Tun:
**Son las 7 de la mañana. Me levanto de la cama. Para
despertarme me ducho con agua fría. Voy a la cocina. Saco los
platos del armario y los pongo en la mesa. Llamo a la familia.
Al cabo de un rato llegan. A pesar del cansancio cuentan cosas.
Uno tras otro se marcha.**

- Kommentieren Sie das, was sie gerade sehen. Egal ob an der Haltestelle, im Büro, auf dem Markt oder auch auf der Abbildung in einer Zeitschrift:

  Detrás de mí hay un cartel publicitario muy grande. Mi colega está buscando el bolígrafo debajo del escritorio pero está al lado del ordenador. En este puesto los huevos están a la derecha de los pollos. En la foto están los Reyes de España y alrededor de ellos sus hijos y nietos.

- Machen Sie sich kleine Zeichnungen, die die Präposition darstellen: z.B. eine Wolke und eine Sonne, wobei die Sonne einmal hinter der Wolke, vor der Wolke, neben der Wolke, etc. zu sehen ist. Beschriften Sie Ihre Zeichnungen.

- Nehmen Sie einen schon bekannten Text und gehen Sie ihn nur im Hinblick auf die Präpositionen noch einmal durch.

Mi colega está buscando el bolígrafo debajo del escritorio pero está al lado del ordenador.

Meine Kollegin sucht den Kugelschreiber unter dem Schreibtisch, aber er liegt neben dem Computer.

Präpositionen, die vom Verb abhängen

Wie im Deutschen gibt es auch im Spanischen Verben, die eine oder mehrere Präpositionen fordern. Hier hilft ein Vergleich zwischen beiden Sprachen leider wenig, da die Festlegung der richtigen Präpositionen rein sprachspezifischer Natur ist. Kein Wunder, dass ausgerechnet hier die meisten Fehler auftreten. Aus diesem Grund finden Sie im Folgenden eine Zusammenfassung der häufigsten Konstruktionen unter besonderer Berücksichtigung der *falschen Freunde*:

acordarse de	*sich erinnern an*
acostumbrarse a	*sich gewöhnen an*
alegrarse de/por	*sich freuen über/für*
asistir a	*besuchen, beiwohnen*
asomarse a	*sich zeigen, blicken lassen*
bajar de	*aussteigen aus, absteigen von, hinuntergehen von, heruntergehen von*
cambiar de/por	*wechseln gegen, tauschen gegen*
carecer de	*nicht haben, Mangel haben an*
casarse con	*heiraten*
confiar en	*vertrauen auf*
constar de	*bestehen aus*
consistir en	*bestehen in*
contestar a	*antworten auf, Antwort geben auf*
contribuir a	*beitragen zu*
convencer de	*überzeugen von*
cuidar de	*pflegen*
deberse a	*liegen an, beruhen auf*
dedicarse a	*sich beschäftigen mit*
decidirse a/por	*sich entscheiden zu/für*
enfadarse con/ por	*sich ärgern über/wegen*
entrar en	*(herein-, hinein)kommen in*
enviar a/por	*schicken an/per, mit*
escapar(se) de	*entkommen*
fiarse de	*sich verlassen auf*
hablar de/sobre	*sprechen über*
influir en	*beeinflussen*
invitar a	*einladen zu*
ir en	*fahren mit*

jugar a	spielen
llegar a	ankommen in
meter en	hineinlegen in, stecken in, stellen in
ocuparse de	sich kümmern um, sich beschäftigen mit
oler a	riechen nach
pasar por	vorbeikommen bei, fahren über
pensar en	denken an
poner en	setzen auf, in/legen auf, in/stellen auf, in
preguntar a/por	fragen, fragen nach
reflexionar sobre	nachdenken über
responder a	antworten, eine Antwort geben auf
saber a	schmecken nach
sacar de	herausziehen aus
salir de/con	herausgehen aus, hinausgehen aus/ausgehen mit
servir de/para	dienen als/zu
soñar con	träumen von
subir a	einsteigen in/hinaufgehen in, zu/heraufgehen in, zu
tener ganas de	Lust haben zu, auf
tener miedo de	Angst haben vor
tratar de	versuchen zu, handeln von
tratarse de	sich handeln um, gehen um
volver a	zurückgehen nach, in/fahren nach, in

Präpositionen mit dem Infinitiv

Besondere Bedeutung aufgrund ihrer Häufigkeit haben die
Verbindungen mit einem Infinitiv. Achten Sie auf die Übertragung ins
Deutsche:

al	**Al abrir** la puerta no vi nada.	*Als ich die Tür aufmachte, konnte ich nichts sehen.*
	Al levantarme me mareo.	*Beim Aufstehen wird mir schwindlig.*
antes de	Una pastilla **antes de comer**.	*Eine Tablette vor dem Essen.*
	Antes de salir cierra la ventana.	*Bevor du gehst mach das Fenster zu.*
después de	Quedamos **después de trabajar**.	*Wir treffen uns nach der Arbeit.*
	Después de despedirse se fue.	*Nachdem er/sie sich verabschiedet hatte, ging er/sie.*

de (no)	De (no) poder venir, avísanos.	*Wenn du (nicht) kommen kannst, sag uns Bescheid.*
hasta	Estuvimos allí **hasta tener** noticias.	*Wir waren dort, bis uns die Nachricht erreichte.*
para	Vengo **para hablar** con ustedes.	*Ich komme, um mit Ihnen zu sprechen.*
por	**Por no venir** no has conocido a mis padres.	*Weil du nicht gekommen bist, hast du meine Eltern nicht kennen gelernt.*
sin	Te marchaste **sin decir** nada.	*Du bist weggegangen, ohne etwas zu sagen.*
con pese a a pesar de	**Con/Pese a/A pesar de** no tener tiempo, nos visitaron.	*Obwohl sie keine Zeit hatten, besuchten sie uns.*

 Wenn Sie jemanden zum Spielen haben, dann denken Sie an einen Gegenstand oder an eine Person. Ihr(e) Mitspieler(in) muss durch Fragen herausfinden, worum oder um wen es sich handelt. Statt nur mit **sí** oder **no** zu antworten, sollte zu Übungszwecken ein vollständiger Satz formuliert werden.

¿Es típico de España? ¿Es para comer? ¿Se prepara al aire libre? ¿En una sartén muy grande? ¿Con mucho arroz? ¿Dentro hay carne de pollo y encima gambas? ¿Desde siempre se come en la región valenciana?

11 | Konjunktionen und Nebensätze

Mit Konjunktionen, auch Bindewörter genannt, werden Satzteile oder auch ganze Sätze miteinander verbunden. Während man beim Erlernen einer Sprache zu Beginn einfache, kurze Sätze bildet wie:

Antonio viene.   *Antonio kommt.*
Entonces comemos deprisa.   *Dann essen wir schnell.*
Tiene que volver al trabajo. *Er muss zurück zur Arbeit.*

könnte dieselbe Aussage im fortgeschrittenen Lernstadium und dank der Kenntnisse der Konjunktionen lauten:

Comemos en cuanto viene   *Wir essen sobald Antonio kommt,*
Antonio porque tiene que   *weil er zurück zur Arbeit muss.*
volver al trabajo.

Man unterscheidet zwischen nebenordnenden und unterordnenden Konjunktionen. Die nebenordnenden Konjunktionen verbinden gleichrangige Sätze miteinander, also Hauptsätze. Die unterordnenden Konjunktionen verbinden Sätze miteinander, von denen der eine dem anderen untergeordnet ist, also Haupt- mit Nebensätzen.

Nebenordnende Konjunktionen

Vivimos aquí aunque somos del Perú.

y, e	*und*	Olga me llama y me escribe, e incluso me visita.	*Olga ruft an und schreibt, und sie besucht mich sogar.*
o, u	*oder*	Por las tardes trabajo o estudio, u ordeno la casa.	*Nachmittags arbeite oder studiere ich, oder ich räume zu Hause auf.*
ni... ni...	*weder ... noch ...*	Ni me enfada ni me molesta.	*Weder ärgert es mich noch stört es mich.*
o... o...	*entweder ... oder ...*	O vienes o te quedas.	*Entweder du kommst oder du bleibst.*
mas	*(je)doch*	Nos miró, mas no dijo nada.	*Er/Sie sah uns an, sagte jedoch nichts.*
aunque	*obwohl*	Vivimos aquí aunque somos del Perú.	*Wir wohnen hier, obwohl wir aus Peru kommen.*
pero	*aber*	Nos levantamos pronto pero nos acostamos tarde.	*Wir stehen früh auf aber gehen spät ins Bett.*
sino	*sondern*	No sólo no me ayudas sino que me das problemas.	*Nicht nur, dass du mir nicht hilfst, du machst mir auch noch Schwierigkeiten.*
pues	*denn*	No recibí el paquete, pues estaba de viaje.	*Ich bekam das Päckchen nicht, denn ich war verreist.*
ya... ya...	*mal ... mal ...*	Ya llueve, ya hace viento, pero el verano no llega.	*Mal regnet es, mal ist es windig, aber der Sommer kommt nicht.*

Unterordnende Konjunktionen

Unterordnende Konjunktionen leiten Nebensätze ein. Entsprechend der Beziehung, die eine Konjunktion zwischen einem Haupt- und Nebensatz herstellt, unterscheidet man verschiedene Bedeutungsgruppen, nach denen die Konjunktionen eingeteilt werden. Es ist wichtig zu beachten, dass es Konjunktionen gibt, die den Subjuntivo nach sich ziehen. Im Folgenden finden Sie eine Zusammenfassung der wichtigsten Konjunktionen und deren Gebrauch.

Temporalsätze (Zeit)		**werden mit Subjuntivo benutzt**
cuando	*wenn; als*	wenn auf die Zukunft bezogen
siempre que	*immer wenn; sooft*	wenn auf die Zukunft bezogen
cada vez que	*sooft; jedesmal, wenn*	wenn auf die Zukunft bezogen
hasta que	*bis*	wenn auf die Zukunft bezogen
desde que	*seit(dem)*	nie
una vez que	*nachdem; sobald*	wenn auf die Zukunft bezogen
mientras	*während; solange*	im Sinne von *solange*
antes que	*bevor*	wenn auf die Zukunft bezogen
después que	*nachdem*	wenn auf die Zukunft bezogen
en cuanto	*sobald*	wenn auf die Zukunft bezogen
tan pronto como	*sobald*	wenn auf die Zukunft bezogen

Kausalsätze (Grund)		
porque	*weil*	bei vermutlichem Grund
ya que	*da*	nie
puesto que	*da*	nie
dado que	*da*	bei vermutlichem Grund
como	*da*	bei vermutlichem Grund

Finalsätze (Zweck)		
para que	*damit*	immer
a fin de que	*damit*	immer

Modalsätze (Art und Weise)		
como	*wie; als*	bei vermutlicher Art
como si	*als ob*	immer mit Subjuntivo der Vergangenheit
tal como	*so wie*	bei vermutlicher Art
igual que	*genauso wie*	bei vermutlicher Art
lo mismo que	*genauso wie*	bei vermutlicher Art
mientras que	*während*	bei vermutlicher Art
sin que	*ohne dass*	immer
cuanto más... más...	*je mehr ... desto mehr ...*	bei vermutlicher Art

Konsekutivsätze (Folge)		**werden mit Subjuntivo benutzt**
así que	*also; so dass*	im Sinne von *mit der Absicht, dass*
de modo/ manera que	*so dass*	im Sinne von *mit der Absicht, dass*

Konzessivsätze (einräumend)		
aunque	*auch wenn*	immer
aun cuando	*auch wenn*	immer
Konditionalsätze (Bedingung)		
a condición de que	*vorausgesetzt, dass*	immer
a no ser que	*es sei denn, dass*	immer
si	*wenn*	(▶ S. 126 f.)

Einen besonderen Fall stellen die Konjunktionen **que** und **si** dar. Sie kommen häufig vor und weisen verschiedene Gebrauchsmöglichkeiten auf, so dass sie im Folgenden ausführlicher behandelt werden.

Que

Das spanische **que** steht

– grundsätzlich in allen Fällen, wo im Deutschen *dass* benutzt wird,

– in Sätzen, in denen das Deutsche kein *dass* benötigt,

Dijo que sí/que no.	*Er/Sie sagte ja/nein.*
Creo/Pienso que no.	*Ich glaube/denke nicht.*

– bei indirekten Befehlen, wobei es hier des Subjuntivos bedarf,

Que vengan aquí.	*Sie sollen hierher kommen.*
Que te lo dé.	*Er/Sie soll es dir geben.*

– in der Umgangsprache im Sinne von *denn, weil.*

Acércame la sal, que no llego.	*Reich mir bitte das Salz, denn ich komme nicht dran.*

> ❗ Verwechseln Sie die Konjunktion **que** (*dass*) nicht mit dem
> 🔵 Relativpronomen **que** (*der, die, das*) oder dem Fragepronomen **qué**
> (*was*). Letzteres trägt einen Akzent.

Si

Die Konjunktion **si** leitet einen Konditionalsatz ein. Dabei gibt es folgende Arten von Bedingungen, die es zu unterscheiden gilt:

– Immer geltende, wahrscheinliche oder zumindest mögliche Bedingungen,

Si no llueve en primavera, la cosecha es mala.	*Wenn es im Frühling nicht regnet, ist die Ernte schlecht.*

Si no encuentro trabajo seguiré estudiando.	*Wenn ich keine Arbeit finde, werde ich weiter studieren.*
Si no dejas de fumar vas a tener problemas.	*Wenn du nicht aufhörst zu rauchen, wirst du Schwierigkeiten bekommen.*
Si tienes tiempo, ven con nosotros.	*Wenn du Zeit hast, komm mit uns.*

– unwahrscheinliche, jedoch (zumindest theoretisch) mögliche Bedingungen (hier bedarf es des Subjuntivo im **si**-Satz),

Si pudiera/pudiese, te ayudaría.	*Wenn ich könnte, würde ich dir helfen.*
Si conociera/conociese mejor a Luis hablaría con él.	*Wenn ich Luis besser kennen würde, würde ich mit ihm sprechen.*
Si tuviéramos/tuviésemos alas, podríamos volar.	*Wenn wir Flügel hätten, könnten wir fliegen.*

– unmögliche, weil auf die Vergangenheit bezogene Bedingungen (hier bedarf es des Subjuntivo Plusquamperfekt im **si**-Satz).

Si hubiera/hubiese podido, te habría/hubiera/hubiese ayudado.	*Wenn ich gekonnt hätte, hätte ich dir geholfen.*
Si hubiera/hubiese conocido mejor a Luis habría/hubiera/hubiese hablado con él.	*Wenn ich Luis besser gekannt hätte, hätte ich mit ihm gesprochen.*

Beachten Sie, dass in den Beispielsätzen unter Punkt 3 sowohl Konditional als auch Subjuntivo Plusquamperfekt im Hauptsatz stehen können, in den Beispielsätzen unter Punkt 2 jedoch nicht.

Wenn Sie eine Mitspielerin oder einen Mitspieler haben, ist das eine wunderbare Übung. Aber auch alleine kann man sich Sätze ausdenken und immer untereinander schreiben, damit sich diese Struktur einschleift.

Wenn... + **Imperfecto de Subjuntivo**	dann... + **Condicional**
- **Si tuviera** dinero,	**iría** de vacaciones.
* **Si fuera** de vacaciones a España,	**alquilaría** un coche.
- **Si alquilara** un coche,	**visitaría** muchos pueblos pequeños.
*Si **visitara** pueblos pequeños,	**intentaría** hablar con la gente.

12 | Die indirekte Rede

Die indirekte Rede wird immer mit einem Verb des Sagens eingeleitet. Hier finden Sie eine Auswahl der am häufigsten verwendeten Verben dieser Art:

afirmar	behaupten	**opinar**	meinen, äußern
aludir	erwähnen	**pedir**	bitten, verlangen
comentar	kommentieren	**preguntar**	fragen
contestar	(be)antworten	**prohibir**	verbieten
decir	sagen	**recordar**	sich erinnern
exigir	auffordern	**repetir**	wiederholen
insistir (en)	bestehen (auf)	**reponer**	erwidern
lamentar	bedauern	**responder**	antworten
mandar, ordenar	befehlen	**rogar**	bitten, anflehen

Das Erzählte wird anhand der Konjunktionen **que** (*dass*) und **si** (*ob*) eingeführt, wenn es sich um eine Frage handelt.

Afirmaron que no nos conocían.   *Sie behaupteten, uns nicht zu kennen.*

Me preguntó si sabía algo.   *Er/Sie fragte, ob ich etwas wüsste.*

Das Verb des Sagens, das die indirekte Rede einleitet, hat einen entscheidenden Einfluss auf die verwendete Zeit im Nebensatz.

– Wenn das einleitende Verb des Sagens im Präsens, im Perfekt, im Futur I oder im Konditional steht, ändert sich die Zeit des Nebensatzes gegenüber der direkten Rede nicht. Die einzige Ausnahme bildet der Imperativ. Dieser wird zum Subjuntivo Präsens.

"Tengo hambre."   *„Ich habe Hunger."*

Dice que tiene hambre.   *Er/Sie sagt er/sie habe Hunger.*

"He tenido suerte."   *„Ich habe Glück gehabt."*

Dice que ha tenido suerte.   *Er/Sie sagt er/sie habe Glück gehabt.*

"Nos compraremos un piso en Menorca."   *„Wir werden uns auf Menorca eine Wohnung kaufen."*

Dicen que se comprarán un piso en Menorca.   *Sie sagen, sie werden sich auf Menorca eine Wohnung kaufen.*

aber

"Abre la ventana."   *„Mach das Fenster auf."*

Dice que abra la ventana.   *Er/Sie sagt, ich soll das Fenster aufmachen.*

– Wenn das einleitende Verb des Sagens im Indefinido, Imperfekt oder Plusquamperfekt steht, bleiben im Nebensatz das Imperfekt, der Konditional und das Plusquamperfekt der direkten Rede erhalten. Die übrigen Zeiten erfahren folgende Veränderung:

Präsens	→	Imperfekt
Futur	→	Konditional
Perfekt	→	Plusquamperfekt
Indefinido	→	Indefinido/Plusquamperfekt
Imperativ	→	Subjuntivo des Imperfekts
Subjuntivo des Präsens	→	Subjuntivo des Imperfekts
Subjuntivo des Perfekts	→	Subjuntivo des Plusquamperfekts

"Tengo hambre."
Dijo que tenía hambre.

„Ich habe Hunger."
Er/Sie sagte, er/sie habe Hunger.

"Vendré luego."
Dijo que vendría luego.

„Ich werde nachher kommen."
Er/Sie sagte, er/sie werde nachher kommen.

"Ha llovido."
Dijo que había llovido.

„Es hat geregnet."
Er/Sie sagte, es habe geregnet.

"Comí mucho."
Dijo que comió/había comido mucho.

„Ich habe viel gegessen."
Er/Sie sagte, er/sie habe/hatte viel gegessen.

"Venga aquí."
Dijo que fuera allí.
"No creo que pueda."

„Kommen Sie her."
Er/Sie sagte, ich/er/sie solle kommen.
„Ich glaube nicht, dass ich kann."

Dijo que no creía que pudiera.	*Er/Sie sagte, er/sie glaube nicht, dass ich/er/sie könne.*
"**El que lo** haya hecho, **que lo** diga."	*„Wer es gemacht hat, soll es sagen."*
Dijo que el que lo hubiera hecho, **que lo** dijera.	*Er/Sie sagte, wer es gemacht hätte, solle es sagen.*

> Achten Sie darauf, dass verschiedene Bestandteile des Erzählten durch die indirekte Rede eine neue Perspektive erhalten. Das betrifft die genannten Personen, die Zeit- und Ortsangaben, die besitzanzeigenden Pronomen usw.

¿Podéis venir a mi casa mañana?	*Könnt ihr morgen zu mir kommen?*
Preguntó si podíamos **ir a** su casa **al día siguiente.**	*Er/Sie fragte, ob wir am folgenden Tag zu ihm/ihr gehen könnten.*

Leicht gemerkt!

Bis die indirekte Rede richtig sitzt, heißt es üben, üben, üben.

– Schreiben Sie unter die jeweilige Veränderung noch einmal den Beispielsatz und markieren Sie die Verben mit einem Textmarker, damit Ihnen die jeweilige Veränderung „ins Auge springt".

Präsens	Imperfekt
"Tengo **hambre.**" →	**Dijo que** tenía **hambre.**

Futur	Konditional
"Vendré **luego.**" →	**Dijo que** vendría **luego.**

Perfekt	Plusquamperfekt
"Ha llovido." →	**Dijo que** había llovido.

usw.

– Sammeln Sie während Ihrer Lektüre von Zeitschriften, Zeitungen oder anderen Texten Sätze, die in der direkten Rede stehen. Auch wenn Sie einen Film oder eine spanischsprachige Fernsehsendung sehen, könnten Sie einige Sätze aus den Dialogen notieren. Wenn Sie Zeit und Lust haben, bilden Sie mit Hilfe des vorgegebenen Schemas die Sätze in der indirekten Rede.

– Aber auch Sätze in der indirekten Rede können Sie sammeln, um sie dann in die direkte Rede umzuschreiben.

13 | Lateinamerikanisches Spanisch

In dieser Grammatik wurden immer wieder die Unterschiede zu der spanischen Sprache, wie sie in Lateinamerika gesprochen wird, behandelt. Ausgangspunkt war dabei immer das Spanisch, wie es in Spanien gesprochen wird. Genau betrachtet ist dies ungerecht, gibt es doch über 400 Millionen Spanisch Sprechende in Lateinamerika gegenüber nur ca. 40 Millionen Einwohnern Spaniens.

Diese über 400 Millionen Spanisch Sprechende in Lateinamerika wehren sich dagegen, dass sie **español** sprechen, denn die Bezeichnung weist für sie zu deutlich auf die Zeiten der Eroberung und den Einfluss Spaniens auf ihren Kontinent hin. Sie nennen ihre Sprache **castellano,** der offizielle Begriff für das Spanische.

Natürlich können wir hier aus Platzgründen nicht auf alle Varianten der verschiedenen lateinamerikanischen Länder eingehen. Vielmehr werden kurz die markantesten Merkmale aufgezählt, die Ihnen einen ersten Zugang zu dem lateinamerikanischen Spanisch ermöglichen sollen.

– Die wichtigsten Unterschiede bezüglich der Aussprache sind:
  der **seseo,** wobei das **z** und das **c** vor **e** und **i** nicht wie das englische ‹th›, sondern wie ein stimmloses *s* ausgesprochen werden.

j und **g** ähneln dem deutschen *h*
der **yeísmo,** wobei **ll** und **y** in der Umgangssprache wie das spanische *y* ausgesprochen werden.

In Argentinien und Uruguay werden **ll** und **y** zudem als [ʏ] ausgesprochen.

– In Fällen, in denen man in Spanien die 2. Person Plural **(vosotros, -as)** benutzt, verwendet man in Lateinamerika die Form **ustedes.**

Nosotros pasaremos las vacaciones de verano en la montaña, y ustedes, ¿ya tienen planes?	*Wir werden die Sommerferien in den Bergen verbringen, und ihr, habt ihr schon was vor?*

– Sehr verbreitet ist der **voseo**, d. h. der Gebrauch von **vos** anstelle von **tú,** der auch mit eigenen Verbformen verbunden ist.

vos hablás	*du sprichst*
vos bebés	*du trinkst*
vos decís	*du sagst*
vos te levantás	*du stehst auf*

– Es werden häufig Verkleinerungsformen verwendet, ohne dass sich dabei die Bedeutung des Wortes ändert.

ahorita	*jetzt*
tempranito	*früh*
lueguito	*später, nachher*

– In Lateinamerika wird das Indefinido häufig anstelle des Perfekts verwendet und das Perfekt wiederum anstelle des Indefinido.

¿Ya oíste lo de antes?	*Hast du schon das von vorhin gehört?*
Hace unas semanas he regresado.	*Vor ein paar Wochen kam ich zurück.*

– In den Ländern Lateinamerikas gibt es eine große Anzahl von Wörtern, die in Spanien nicht bekannt sind und die selbst die Spanier lernen müssen, um in Lateinamerika keine Verständigungsschwierigkeiten zu haben. In einzelnen Fällen kommt es bei Wörtern gegenüber dem europäischen Spanisch auch zu Bedeutungsverschiebungen:

	Bedeutung in Lateinamerika	Bedeutung in Spanien
carro	*Auto*	*Karren*
plata	*Geld*	*Silber*
camión	*Bus*	*LKW*
luego	*jetzt*	*nachher*
pararse	*aufstehen*	*anhalten*

Diese Eigenarten sind die Folge unterschiedlicher Faktoren, wie der starke Einfluss von den z. T. noch lebendigen und viel gesprochenen Sprachen aus präkolumbianischer Zeit auf das Spanische, dem Aufeinandertreffen verschiedener europäischer Sprachen (Spanisch, Portugiesisch, Italienisch, Englisch, Französisch), dem Einfluss des US-Amerikanischen und nicht zuletzt einer eigenständigen, von der iberischen Halbinsel unabhängigen Entwicklung der Sprache.

14 | Typische Stolpersteine

Bei dem Erlernen einer Fremdsprache macht man leider immer wieder die Erfahrung: Manche Fehler wiederholen sich, egal, wie oft man die Regel dazu gehört hat. Warum das? Der häufigste Grund ist, dass sich die Fremdsprache in dem Punkt ganz anders verhält als die eigene Sprache und es somit schwer ist, eine uns fremde Struktur zu verinnerlichen. Um Ihnen den Weg ein wenig zu ebnen, haben wir in diesem Kapitel einige Stolpersteine ausführlicher behandelt. Viel Erfolg!

Ser und estar

Der Gebrauch dieser zwei Verben ist keine einfache Sache, jedoch bei weitem nicht so schwer wie oft angenommen. Im Spanischen gibt es tatsächlich für das deutsche *sein* zwei verschiedene Verben: **ser** und **estar**. Sie lassen sich jedoch klar voneinander abgrenzen.

Ser

– wird vor Substantiven gebraucht,

Mañana es domingo.	*Morgen ist Sonntag.*
Lima es la capital del Perú.	*Lima ist die Hauptstadt Perus.*
Pedro es un buen amigo.	*Pedro ist ein guter Freund.*
Es un hotel muy caro.	*Das ist ein sehr teures Hotel.*
Esta es mi hermana mayor.	*Das ist meine ältere Schwester.*

– wird verwendet für Personenangaben wie Identität, Herkunft, Beruf, Religion,

Somos bolivianos, de La Paz.
Wir sind Bolivianer, aus La Paz.

Soy Jorge Medina.	*Ich bin Jorge Medina.*
Son abogadas.	*Sie sind Anwältinnen.*
Somos católicos.	*Wir sind katholisch.*

– steht bei Zeitangaben,

¿Qué hora es? –	*Wie spät ist es? –*
Son las doce y media.	*Es ist halb eins.*
¿Qué día es hoy? –	*Was ist heute für ein Tag? –*
Hoy es miércoles.	*Heute ist Mittwoch.*
Hoy es el diecinueve	*Heute ist der 19. Mai.*
de mayo.	

– steht vor Zahlwörtern,

Somos cuatro hermanos.	*Wir sind vier Geschwister.*
Queremos reservar una mesa.	*Wir möchten einen Tisch reservieren.*
Somos diez.	*Wir sind zu zehnt.*

– steht bei Angabe des Besitzes und – zusätzlich mit der Präposition
de – bei Angabe des Materials,

¿Estos cuadernos son	*Gehören euch diese Hefte?*
vuestros?	
La puerta es de madera.	*Die Tür ist aus Holz.*

– dient als Hilfsverb zur Bildung des Passivs.

La zona fue evacuada por	*Die Gegend wurde von der Feuer-*
los bomberos.	*wehr evakuiert.*

Leicht gemerkt!

Ser wird immer gebraucht:

– vor Substantiven.
– für Personenangaben wie Identität, Herkunft, Beruf, Religion.
– bei Uhrzeit, Wochentag, Datum.
– vor Zahlwörtern.
– zur Angabe des Besitzes und des Materials (mit **de**).
– um das Passiv zu bilden.

Estar

– bedeutet *sich befinden, irgendwo sein, liegen, stehen,*

Miguel está en Berlín.	*Miguel ist in Berlin.*
Segovia está en España,	*Segovia liegt in Spanien, nördlich*
al norte de Madrid.	*von Madrid.*

– wird gebraucht, um über das Befinden einer Person zu sprechen.

¿Cómo está tu marido? -   *Wie geht es deinem Mann? -*
Gracias, está bastante bien.   *Danke, es geht ihm ganz gut.*

– steht beim Datum ausschließlich in folgenden festen Verbindungen:

¿A cuántos estamos? –   *Den Wievielten haben wir? –*
Estamos a nueve   *Wir haben den 9. November.*
de noviembre.
¿A qué día estamos? –   *Was für einen Tag haben wir? –*
Estamos a jueves.   *Wir haben Donnerstag.*

– dient als Hilfsverb zur Bildung der Verlaufsform.

Estamos viendo la tele.   *Wir sehen gerade fern.*
Hemos estado comprando   *Wir haben den ganzen Morgen mit*
toda la mañana.   *Einkaufen verbracht.*
Dentro de una semana   *In einer Woche werden wir in Kuba*
estaremos recorriendo Cuba.   *unterwegs sein.*

Leicht gemerkt!

Estar wird immer gebraucht:

– um zu sagen, wo sich etwas befindet, irgendwo ist, liegt,
  steht.
– um das persönliche Befinden auszudrücken.
– als Hilfsverb zur Bildung der Verlaufsform.

In den obigen Anwendungsbeispielen folgt der Gebrauch von **ser** und **estar** festen Regeln. Etwas schwieriger wird es, wenn Sie sich im Zusammenhang mit Adjektiven und Partizipien zwischen **ser** und **estar** entscheiden müssen. Es kann hier zu feinen Bedeutungsunterschieden kommen, je nachdem welches Hilfsverb Sie einsetzen.

Bedeutungsvergleich von ser und estar vor Adjektiv oder Partizip

Ser benennt (wesentliche, dauerhafte, charakteristische) Eigenschaften, **estar** drückt hingegen einen Zustand aus (Gefühle, Befinden).

– Adjektive, die nur mit **ser** vorkommen, sind z. B.:

inteligente   *intelligent*
responsable   *verantwortungsvoll*
trabajador   *fleißig*
malvado   *boshaft*

– Adjektive, die nur mit **estar** vorkommen sind z. B.:

ocupado	*beschäftigt, besetzt*
preocupado	*besorgt*
contento	*zufrieden, froh*

Es gibt jedoch auch Adjektive, die je nach Verb eine (vollkommen) andere Bedeutung haben:

ser listo	*schlau sein*	estar listo	*fertig sein*
ser aburrido	*langweilig sein*	estar aburrido	*sich langweilen*
ser cansado	*anstrengend sein*	estar cansado	*müde sein*
ser libre	*frei, ungebunden sein*	estar libre	*frei, nicht besetzt sein*
ser abierto	*offen, aufgeschlossen sein*	estar abierto	*offen, auf sein*

Eine vierte Gruppe bilden die Adjektive, die mit **ser** eine Eigenschaft und mit **estar** einen Zustand ausdrücken:

ser sano	*gesund sein, die Gesundheit fördern*	estar sano	*gesund sein, eine gute Gesundheit haben*
ser viejo	*alt sein*	estar viejo	*alt aussehen, gebrechlich sein, abgetragen sein*
ser joven	*jung sein*	estar joven	*jung aussehen*
ser triste	*(Situation) traurig sein*	estar triste	*(Mensch) (augenblicklich) traurig sein*
ser nervioso	*nervös sein*	estar nervioso	*(augenblicklich) nervös sein*
ser simpático	*freundlich sein*	estar simpático	*sich freundlich benehmen*
ser enfermo	*chronisch krank sein*	estar enfermo	*vorübergehend krank sein*
ser delgado	*von Natur aus schlank sein*	estar delgado	*gerade schlank sein*

In manchen Fällen können sowohl **ser** als auch **estar** verwendet werden, ohne dass ein Bedeutungsunterschied vorliegt.

ser/estar soltero/soltera	*ledig sein*
ser/estar casado/casada	*verheiratet sein*
ser/estar divorciado/divorciada	*geschieden sein*
ser/estar viudo/viuda	*verwitwet sein*

Folgende häufige Ausdrücke sollten Sie sich merken:

estar bien	*sich wohl fühlen, in Ordnung sein, stimmen*
ser bueno	*gut sein, von guter Qualität sein, ein guter Mensch sein*
estar bueno	*gut schmecken, gesund sein*
estar mal	*sich nicht wohl fühlen, nicht stimmen*
ser malo	*schlecht sein, von schlechter Qualität sein, bösartig sein*
estar malo	*nicht gut schmecken, krank sein, verdorben sein*

In Lateinamerika können die hier aufgeführten Regeln von Land zu Land schwanken.

Hay und estar

Um die Position einer Person oder eines Gegenstandes im Raum zu beschreiben, haben wir im Deutschen neben *sein* eine reichhaltige Auswahl zwischen zahlreichen anderen Verben wie *sitzen*, *liegen* oder *stehen*. Im Spanischen wird die Position meist nur mit **estar** oder **hay** *(es gibt)*, die unpersönliche Form von **haber**, angegeben. Zum Gebrauch von **estar** und **hay** ist Folgendes anzumerken:

– Das Verb **ser** wird nie mit einer Ortsbestimmung gebraucht. Das ist wahrscheinlich der häufigste Fehler unter Spanisch Lernenden.

Leicht gemerkt!

Als grobe Unterscheidungshilfe merken Sie sich:
Hay - *es gibt*, **ser** ist klar, *sich befinden* heißt **estar**.

– Ob **estar** oder **hay** gebraucht wird, richtet sich danach, ob das Subjekt bestimmt oder unbestimmt ist.

estar + Bestimmtes	**hay** + Unbestimmtes
+ bestimmter Artikel: **el, la, los, las**	+ unbestimmter Artikel: **un, una, unos, unas**
El árbol está en el jardín. *Der Baum steht im Garten.*	En el jardín hay un árbol. *Im Garten steht ein Baum.*
+ Personalpronomen: **yo, tú, el, ella...**	+ Indefinitpronomen: **mucho, poco, nada, todo, alguien, nadie, ninguno, otro**
Estamos en el restaurante. *Wir sind im Restaurant.*	Hay pocos clientes en el bar. *Es sind wenige Gäste in der Kneipe.*

+ Demonstrativpronomen: **este, esta, ese, esa, aquel, aquella...**	+ Zahlen
Aquella montaña está muy lejos. *Der Berg (dort) ist sehr weit weg.*	Hay más de 400 millones de hablantes de español. *Es gibt mehr als 400 Millionen Spanisch Sprechender.*
+ Possessivpronomen: **mi, tu, su...**	+ Substantive ohne Bestimmung: **pan, dinero, agua...**
¿Dónde están vuestras maletas? *Wo sind/stehen eure Koffer?*	No hay gente en la calle. *Es sind keine Menschen auf der Straße.*
+ Personeneigennamen	
¿Dónde está Alberto? *Wo ist Alberto?*	
+ Geographische Bezeichnungen: Orts-, Flussnamen ...	
Montevideo está en Uruguay. *Montevideo liegt in Uruguay.*	

Gustar und andere Verben mit Dativ

Es gibt Verben im Spanischen, mit denen sich der Lernende erfahrungsgemäß schwer tut: Es sind die Verben, bei denen die handelnde Person im Dativ steht und die somit stets den Gebrauch des entsprechenden Personalpronomens nach sich ziehen. Nehmen wir als Beispiel das Verb **gustar**:

die betroffene Person steht im Dativpronomen		das Verb richtet sich nach dem, worum es geht	
(a mí)	me	gusta	la fruta
(a ti)	te	gusta	el pescado
(a él/ella/Ud.)	le	gusta	ir en bici
(a nosotros/-as)	nos	gustan	las personas amables
(a vosotros/-as)	os	gustan	los animales
(a ellos/ellas/Uds.)	les	gusta	el cine

Es gibt neben **gustar** noch mehr Verben dieser Art:

gustar	*gefallen, schmecken*	Me gusta la primavera. *Der Frühling gefällt mir.*
encantar	*sehr gut gefallen*	Me encanta la playa. *Es gefällt mir sehr gut am Strand.*
parecer	*vorkommen, finden*	Me parece difícil. *Das kommt mir schwer vor.*
ir/venir bien	*passen*	¿Te va/viene bien ahora? *Passt es dir jetzt?*
apetecer	*mögen, Lust haben*	Ahora no me apetece. *Im Moment mag ich nicht.*
doler	*wehtun, schmerzen*	Le duele la rodilla. *Ihm/Ihr tut das Knie weh.*
pasar	*geschehen, fehlen*	¿Qué te pasa? *Was fehlt dir?/Was hast du?*
faltar	*fehlen, brauchen*	Nos falta experiencia. *Uns fehlt es an Erfahrung.*

Die Verneinung

Die Verneinung im Spanischen verstößt ab und zu gegen die deutsche Logik, folgt aber absolut einfachen Regeln:

– Die Negation **no** steht vor dem konjugierten Verb.

Pablo no está en casa.	*Pablo ist nicht zu Hause.*
No hemos visitado la catedral.	*Wir haben den Dom nicht besichtigt.*
No voy a acompañarte.	*Ich werde dich nicht begleiten.*
No había hablado con Luis desde ayer.	*Ich hatte seit gestern nicht mit Luis gesprochen.*

– **No** steht vor dem unbetonten Dativ-, Akkusativ- oder Reflexivpronomen.

Mi hija no me lo ha dicho.	*Meine Tochter hat es mir nicht gesagt.*
No la he visto.	*Ich habe sie nicht gesehen.*
Todavía no se han decidido.	*Sie haben sich noch nicht entschieden.*

– Wenn Wörter negativer Bedeutung wie **nada**, **nadie**, **ninguno**, **nunca**, **ni** oder **tampoco** am Anfang des Satzes stehen, wird keine weitere Verneinung benötigt; treten sie erst nach dem Verb auf, so muss **no** vor dem Verb stehen.

Nadie los conocía.	*Niemand kannte sie.*
Tampoco yo lo sé.	*Ich weiß es auch nicht.*
Este chico no aprende nada.	*Dieser Junge lernt nichts.*
Laura no volverá nunca más.	*Laura wird nie wieder zurückkommen.*
¿No tienes ninguna foto de él?	*Hast du kein Bild von ihm?*
Ningún médico haría eso.	*Kein Arzt würde das tun.*

Denken Sie daran, dass **no** sowohl *nein* als auch *nicht* bedeutet.

Im Gegensatz zum deutschen *kein(e)* wird **ninguno** fast nur im Singular gebraucht.

Die Wortstellung

Welcher der folgenden drei Sätze ist korrekt?

A Ramón le gusta mucho nadar.
Nadar le gusta mucho a Ramón.
Le gusta mucho nadar a Ramón.

Stellen Sie einem Muttersprachler diese Frage, wird er antworten, dass alle drei Sätze richtig sind, wenngleich der erste am natürlichsten klingt. Tatsächlich verfügt das Spanische über eine sehr freie Wortstellung, d. h., dass sehr viel, bei weitem jedoch nicht alles erlaubt ist. Klar ist, dass durch die Wortstellung Einfluss darauf genommen werden kann, welcher Satzteil und somit welche Information hervorgehoben werden soll.

Hace unos meses estuve en Uruguay.	der Ort wird betont
Estuve en Uruguay hace unos meses.	die Zeit wird betont
Estuve hace unos meses en Uruguay.	neutrale Aussage, gleichwertige Betonung beider Satzteile

Die Grenzen sind hier fließend. Viel wichtiger für die richtige Wortstellung sind folgende Regeln, die Sie unbedingt befolgen sollten:

– **No** steht vor dem konjugierten Verb und den unbetonten Dativ-, Akkusativ-, oder Reflexivpronomen.

No quiero ir al médico.	*Ich will nicht zum Arzt.*
No la llamo por teléfono.	*Ich rufe sie nicht an.*

– Die Pronomen stehen immer vor dem konjugierten Verb. Bei einem Infinitiv oder Gerundium können sie auch nachgestellt werden, an den bejahten Imperativ müssen sie angehängt werden (▶ S. 77).

Nos la queremos comprar.	*Wir wollen sie uns kaufen.*
= Queremos comprárnosla.	
Me lo está explicando.	*Er/Sie erklärt es mir gerade.*
= Está explicándomelo.	

– Das Adjektiv steht in der Regel nach dem Substantiv.

una decisión rápida	*eine schnelle Entscheidung*

– Zusammengesetzte Verbformen dürfen nicht getrennt werden.

Hoy (me) he comprado un vestido precioso.	*Ich habe (mir) heute ein wunderschönes Kleid gekauft.*

– Bei Fragen ist meistens keine Umstellung nötig.

¿(Tú) vives aquí?	*Wohnst du hier?*
¿Es tuya esta camisa?/	*Gehört dir dieses Hemd?*
¿Esta camisa es tuya?	

Anhang: Konjugationstabellen

In den Verbtabellen werden folgende Abkürzungen verwendet:

pret. ind.   **pretérito indefinido**
subj. pres.   **presente de subjuntivo**
subj. imp.   **imperfecto de subjuntivo**

Anhang 1: Die regelmäßigen Verben

1. Konjugation: Verben auf *-ar* — infinitivo: hablar

presente	imperfecto	pret. ind.	futuro	
hablo	hablaba	hablé	hablaré	**gerundio**
hablas	hablabas	hablaste	hablarás	hablando
habla	hablaba	habló	hablará	
hablamos	hablábamos	hablamos	hablaremos	**participio**
habláis	hablabais	hablasteis	hablaréis	hablado
hablan	hablaban	hablaron	hablarán	

subj. pres.	imperativo	subj. imp.	condicional
hable		hablara/-se	hablaría
hables	habla	hablaras/-ses	hablarías
hable	hable	hablara/-se	hablaría
hablemos	hablemos	habláramos/-semos	hablaríamos
habléis	hablad	hablarais/-seis	hablaríais
hablen	hablen	hablaran/-sen	hablarían

2. Konjugation: Verben auf *-er* — infinitivo: aprender

presente	imperfecto	pret. ind.	futuro	
aprendo	aprendía	aprendí	aprenderé	**gerundio**
aprendes	aprendías	aprendiste	aprenderás	aprendiendo
aprende	aprendía	aprendió	aprenderá	
aprendemos	aprendíamos	aprendimos	aprenderemos	**participio**
aprendéis	aprendíais	aprendisteis	aprenderéis	aprendido
aprenden	aprendían	aprendieron	aprenderán	

subj. pres.	imperativo	subj. imp.	condicional
aprenda		aprendiera/-se	aprendería
aprendas	aprende	aprendieras/-ses	aprenderías
aprenda	aprenda	aprendiera/-se	aprendería
aprendamos	aprendamos	aprendiéramos/-semos	aprenderíamos
aprendáis	aprended	aprendierais/-seis	aprenderíais
aprendan	aprendan	aprendiera/-sen	aprenderían

3. Konjugation: Verben auf -*ir*			infinitivo: vivir	
presente	**imperfecto**	**pret. ind.**	**futuro**	
vivo	vivía	viví	viviré	**gerundio**
vives	vivías	viviste	vivirás	viviendo
vive	vivía	vivió	vivirá	
vivimos	vivíamos	vivimos	viviremos	**participio**
vivís	vivíais	vivisteis	viviréis	vivido
viven	vivían	vivieron	vivirán	
subj. pres.	**imperativo**	**subj.imp.**	**condicional**	
viva		viviera/-se	viviría	
vivas	vive	vivieras/-ses	vivirías	
viva	viva	viviera/-se	viviría	
vivamos	vivamos	viviéramos/-semos	viviríamos	
viváis	vivid	vivierais/-seis	viviríais	
vivan	vivan	vivieran/-sen	vivirían	

Anhang 2: Verben mit Stammveränderungen

Im Folgenden werden die Zeiten und Modi aufgeführt, bei denen eine Veränderung im Stamm vorkommt. Nicht aufgeführte Formen sind regelmäßig.

Anhang 2a: Verben mit Vokalveränderungen

‹e → ie›	infinitivo: pensar		‹o → ue›	infinitivo: contar	
presente	**subj. pres**	**imperativo**	**presente**	**subj. pres.**	**imperativo**
pienso	piense		cuento	cuente	
piensas	pienses	piensa	cuentas	cuentes	cuenta
piensa	piense	piense	cuenta	cuente	cuente
pensamos	pensemos	pensemos	contamos	contemos	contemos
pensáis	penséis	pensad	contáis	contéis	contad
piensan	piensen	piensen	cuentan	cuenten	cuenten

Ebenso: **cerrar, empezar, querer, entender, sentarse, sentir, despertar, comenzar, preferir, divertir, mentir, perder, convertir**

Ebenso: **costar, recordar, probar, acostarse, encontrar, doler, mostrar, almorzar, mover, soler, volver, volar, dormir, morir, poder, sonar, soñar**

‹e → i›	infinitivo: pedir			
presente	**subj. pres.**	**imperativo**	**pret. ind.**	**subj. imp.**
pido	pida		pedí	pidiera/-se
pides	pidas	pide	pediste	pidieras/-ses	**gerundio**
pide	pida	pida	pidió	pidiera/-se	pidiendo
pedimos	pidamos	pidamos	pedimos	pidiéramos/-semos	
pedís	pidáis	pedid	pedisteis	pidierais/-seis	
piden	pidan	pidan	pidieron	pidieran/-sen	

Ebenso: **vestir, servir, seguir, despedirse, repetir, corregir, impedir, elegir**

Anhang 2b: Verben mit orthographischen Abweichungen

Es handelt sich hier um keine Unregelmäßigkeiten, sondern um rein orthographische Veränderungen nach den Rechtschreib- und Ausspracheregeln der spanischen Sprache (▶ S. 6 ff.).

‹z → c›	infinitivo: cazar		‹c → z›	infinitivo: vencer	
pret. ind.	subj. pres.	imperativo	presente	subj. pres.	imperativo
cacé	cace		venzo	venza	
cazaste	caces	caza	vences	venzas	vence
cazó	cace	cace	vence	venza	venza
cazamos	cacemos	cacemos	vencemos	venzamos	venzamos
cazasteis	cacéis	cazad	vencéis	venzáis	venced
cazaron	cacen	cacen	vencen	venzan	venzan
Ebenso: enlazar			Ebenso: convencer, mecer		

‹c → qu›	infinitivo: atacar		‹qu → c›	infinitivo: delinquir	
pret. ind.	subj. pres.	imperativo	presente	subj. pres.	imperativo
ataqué	ataque		delinco	delinca	
atacaste	ataques	ataca	delinques	delincas	delinque
atacó	ataque	ataque	delinque	delinca	delinca
atacamos	ataquemos	ataquemos	delinqui-mos	delincamos	delincamos
atacasteis	ataquéis	atacad	delinquís	delincáis	delinquid
atacaron	ataquen	ataquen	delinquen	delincan	delincan
Ebenso: buscar, aparcar					

‹g → gu›	infinitivo: pagar		‹gu → g›	infinitivo: distinguir	
pret. ind.	subj. pres.	imperativo	presente	subj. pres.	imperativo
pagué	pague		distingo	distinga	
pagaste	pagues	paga	distingues	distingas	distingue
pagó	pague	pague	distingue	distinga	distinga
pagamos	paguemos	paguemos	distingui-mos	distinga-mos	distinga-mos
pagasteis	paguéis	pagad	distinguís	distingáis	distinguid
pagaron	paguen	paguen	distinguen	distingan	distingan
Ebenso: llegar						

‹gu → gü›	infinitivo: averiguar		‹g → j›	infinitivo: coger	
pret. ind.	subj. pres.	imperativo	presente	subj. pres.	imperativo
averigüé	averigüe		cojo	coja	
averiguaste	averigües	averigua	coges	cojas	coge
averiguó	averigüe	averigüe	coge	coja	coja
averigua-mos	averigüe-mos	averigüe-mos	cogemos	cojamos	cojamos
averiguast-eis	averigüéis	averiguad	cogéis	cojáis	coged
averiguaron	averigüen	averigüen	cogen	cojan	cojan
Ebenso: aguar, amortiguar, apaci-guar, atestiguar			Ebenso: proteger, dirigir, recoger, acoger		

‹i → y›	infinitivo: huir			
presente	subj. pres.	imperativo	pret. ind.	subj. imp
huyo	huya		huí	huyera/-se
huyes	huyas	huye	huiste	huyeras/-ses	**gerundio**
huye	huya	huya	huyó	huyera/-se	huyendo
huimos	huyamos	huyamos	huimos	huyéramos/ -semos
huís	huyáis	huid	huisteis	huyerais/-seis	**participio**
huyen	huyan	huyan	huyeron	huyeran/-sen	huido

Ebenso: **construir, incluir, destruir, sustituir, constituir, disminuir, distribuir, influir**

Anhang 2c: Sonderformen für die erste Person

Diese Sonderform kommt in der ersten Person Singular des Präsens vor, und somit ist sie auch für die davon abgeleiteten Formen (subj. pres. und Imperativ) relevant.

caber: quepo	**caer:** caigo	**conocer:** conozco	**crecer:** crezco
decir: digo	**hacer:** hago	**oír:** oigo	**poner:** pongo
salir: salgo	**tener:** tengo	**traducir:** traduzco	**traer:** traigo
valer: valgo	**venir:** vengo		

Eine Hand voll Verben haben eine Sonderform für die erste Person, die jedoch nicht zur Bildung des subj. pres. und des Imperativs dient (siehe auch Anhang 3).

dar: doy   **saber:** sé   **estar:** estoy   **ir:** voy

Anhang 2d: Verben mit Betonungsverschiebung

Einige (jedoch nicht alle!) Verben auf **-iar** und **-uar** weisen eine Betonungsverschiebung auf.

‹1. pres: *envío*› infinitivo: enviar			‹1. pres: *continúo*› infinitivo: continuar		
presente	subj. pres.	imperativo	presente	subj. pres.	imperativo
envío	envíe		continúo	continúe	
envías	envíes	envía	continúas	continúes	continúa
envía	envíe	envíe	continúa	continúe	continúe
enviamos	enviemos	enviemos	continuamos	continuemos	continuemos
enviáis	enviéis	enviad	continuáis	continuéis	continuad
envían	envíen	envíen	continúan	continúen	continúen

Ebenso: **confiar, variar, enfriar, ampliar, resfriarse, guiar, variar**

Ebenso: **actuar, acentuar, efectuar, habituar**

Anhang 2e: Verben, bei denen das unbetonte i wegfällt

Bei Verben, deren Stamm auf **-ñ** oder **-ll** enden, fällt das unbetonte **-i-** bei bestimmten Endungen weg.

‹3. pret: gruñó›   infinitivo: gruñir

pret. ind.	subj. imp.	
gruñí	gruñera/-se	
gruñiste	gruñeras/-ses	**gerundio**
gruñó	gruñera/-se	gruñendo
gruñimos	gruñéramos/-semos	
gruñisteis	gruñerais/-seis	
gruñeron	gruñeran/-sen	

Ebenso: **tañer, teñir, bullir**

Anhang 2f: Verben mit zwei Unregelmäßigkeiten

Etliche Verben weisen mehr als zwei der aufgeführten Unregelmäßigkeiten auf.

‹e → ie› + ‹g → gu›   infinitivo: fregar

presente	pret. ind.	subj. pres.	imperativo
friego	fregué	friegue	
friegas	fregaste	friegues	friega
friega	fregó	friegue	friegue
fregamos	fregamos	freguemos	freguemos
fregáis	fregasteis	freguéis	fregad
friegan	fregaron	frieguen	frieguen

‹o → ue› + ‹c → qu›   infinitivo: volcar

presente	pret. ind.	subj. pres.	imperativo
vuelco	volqué	vuelque	
vuelcas	volcaste	vuelques	vuelca
vuelca	volcó	vuelque	vuelque
volcamos	volcamos	volquemos	volquemos
volcáis	volcasteis	volquéis	volcad
vuelcan	volcaron	vuelquen	vuelquen

‹o → ue› + ‹g → gu›   infinitivo: colgar

presente	pret. ind.	subj. pres.	imperativo
cuelgo	colgué	cuelgue	
cuelgas	colgaste	cuelgues	cuelga
cuelga	colgó	cuelgue	cuelgue
colgamos	colgamos	colguemos	colguemos
colgáis	colgasteis	colguéis	colgad
cuelgan	colgaron	cuelguen	cuelguen

⟨o → ue⟩ + ⟨z → c⟩ — infinitivo: forzar

presente	pret. ind.	subj. pres.	imperativo
fuerzo	forcé	fuerce	
fuerzas	forzaste	fuerces	fuerza
fuerza	forzó	fuerce	fuerce
forzamos	forzamos	forcemos	forcemos
forzáis	forzasteis	forcéis	forzad
fuerzan	forzaron	fuercen	fuercen

⟨e → i⟩ + ⟨gu → g⟩ — infinitivo: seguir

presente	pret. ind.	subj. pres.	imperativo
sigo	seguí	siga	
sigues	seguiste	sigas	sigue
sigue	siguió	siga	siga
seguimos	seguimos	sigamos	sigamos
seguís	seguisteis	sigáis	seguid
siguen	siguieron	sigan	sigan

⟨e → ie⟩ + ⟨z → c⟩ — infinitivo: empezar

presente	pret. ind.	subj. pres.	imperativo
empiezo	empecé	empiece	
empiezas	empezaste	empieces	empieza
empieza	empezó	empiece	empiece
empezamos	empezamos	empecemos	empecemos
empezáis	empezasteis	empecéis	empezad
empiezan	empezaron	empiecen	empiecen

⟨o → ue⟩ + ⟨c → z⟩ — infinitivo: cocer

presente	subj. pres.	imperativo
cuezo	cueza	
cueces	cuezas	cuece
cuece	cueza	cueza
cocemos	cozamos	cozamos
cocéis	cozáis	coced
cuecen	cuezan	cuezan

⟨e → i⟩ + ⟨g → j⟩ — infinitivo: elegir

presente	subj. pres.	imperativo
elijo	elija	
eliges	elijas	elige
elige	elija	elija
elegimos	elijamos	elijamos
elegís	elijáis	elegid
eligen	elijan	elijan

Ebenso: **corregir**

Anhang 3: Die unregelmäßigen Verben

Im Folgenden werden ausschließlich die Zeiten und Modi aufgeführt, bei denen Unregelmäßigkeiten vorkommen. Nicht aufgeführte Formen sind regelmäßig.

infinitivo: adquirir

presente	subj. pres.	imperativo
adquiero	adquiera	
adquieres	adquieras	adquiere
adquiere	adquiera	adquiera
adquirimos	adquiramos	adquiramos
adquirís	adquiráis	adquirid
adquieren	adquieran	adquieran

Ebenso: **inquirir**

infinitivo: andar

pret. ind.	subj. imp.
anduve	anduviera/-se
anduviste	anduvieras/-ses
anduvo	anduviera/-se
anduvimos	anduviéramos/-semos
anduvisteis	anduvierais/-seis
anduvieron	anduvieran/-esen

infinitivo: caber

presente	subj. pres.	imperativo	pret. ind.	futuro	condicional
quepo	quepa		cupe	cabré	cabría
cabes	quepas	cabe	cupiste	cabrás	cabrías
cabe	quepa	quepa	cupo	cabrá	cabría
cabemos	quepamos	quepamos	cupimos	cabremos	cabríamos
cabéis	quepáis	cabed	cupisteis	cabréis	cabríais
caben	quepan	quepan	cupieron	cabrán	cabrían

infinitivo: caer

presente	subj. pres.	imperativo	pret. ind.	subj. imp.	
caigo	caiga		caí	cayera/-se	
caes	caigas	cae	caíste	cayeras/-ses	**gerundio**
cae	caiga	caiga	cayó	cayera/-se	cayendo
caemos	caigamos	caigamos	caímos	cayéramos/-semos	
caéis	caigáis	caed	caísteis	cayerais/-seis	**participio**
caen	caigan	caigan	cayeron	cayeran/-sen	caído

infinitivo: conocer

presente	subj. pres.	imperativo
conozco	conozca	
conoces	conozcas	conoce
conoce	conozca	conozca
conocemos	conozcamos	conozcamos
conocéis	conozcáis	conoced
conocen	conozcan	conozcan

Ebenso: **nacer, crecer, ofrecer, parecer, (des)aparecer, agradecer, reconocer, relucir**

infinitivo: dar

presente	subj. pres.	imperativo	pret. ind.	subj. imp.
doy	dé		di	diera/-se
das	des	da	diste	dieras/-ses
da	dé	dé	dio	diera/-se
damos	demos	demos	dimos	diéramos/-semos
dais	deis	dad	disteis	dierais/-seis
dan	den	den	dieron	dieran/-sen

infinitivo: decir

presente	pret. ind.	futuro	
digo	dije	diré	**gerundio**
dices	dijiste	dirás	diciendo
dice	dijo	dirá	
decimos	dijimos	diremos	**participio**
decís	dijisteis	diréis	**dicho**
dicen	dijeron	dirán	

subj. pres.	imperativo	subj. imp.	condicional
diga		dijera/-se	diría
digas	di	dijeras/-ses	dirías
diga	diga	dijera/-se	diría
digamos	digamos	dijéramos/-semos	diríamos
digáis	decid	dijerais/-seis	diríais
digan	digan	dijeran/-sen	dirían

Ebenso: **predecir, contradecir**, etc.

infinitivo: errar

presente	subj. pres.	imperativo
yerro	yerre	
yerras	yerres	yerra
yerra	yerre	yerre
erramos	erremos	erremos
erráis	erréis	errad
yerran	yerren	yerren

infinitivo: estar

presente	subj. pres.	imperativo	pret. ind.	subj. imp.
estoy	esté		estuve	estuviera/-se
estás	estés	está	estuviste	estuvieras/-ses
está	esté	esté	estuvo	estuviera/-se
estamos	estemos	estemos	estuvimos	estuviéramos/-semos
estáis	estéis	estad	estuvisteis	estuvierais/-seis
están	estén	estén	estuvieron	estuvieran/-sen

infinitivo: haber

presente	pret. ind.	futuro	
he	hube	habré	
has	hubiste	habrás	
ha	hubo	habrá	
hemos	hubimos	habremos	
habéis	hubisteis	habréis	
han	hubieron	habrán	

subj. pres.	imperativo	subj. imp.	condicional
haya		hubiera/-se	habría
hayas	he	hubieras/-ses	habrías
haya	haya	hubiera/-se	habría
hayamos	hayamos	hubiéramos/-semos	habríamos
hayáis	habed	hubierais/-seis	habríais
hayan	hayan	hubieran/-sen	habrían

infinitivo: hacer

presente	pret. ind.	futuro	
hago	hice	haré	
haces	hiciste	harás	
hace	hizo	hará	
hacemos	hicimos	haremos	
hacéis	hicisteis	haréis	**participio**
hacen	hicieron	harán	**hecho**

subj. pres.	imperativo	subj. imp.	condicional
haga		hiciera/-se	haría
hagas	haz	hicieras/-ses	harías
haga	haga	hiciera/-se	haría
hagamos	hagamos	hiciéramos/-semos	haríamos
hagáis	haced	hicierais/-seis	haríais
hagan	hagan	hicieran/-sen	harían

Ebenso: **rehacer, deshacer** etc.

infinitivo: ir

presente	imperfecto	pret. ind.	subj. pres.	imperativo	subj. imp.
voy	iba	fui	vaya		fuera/-se
vas	ibas	fuiste	vayas	ve	fueras/-ses
va	iba	fue	vaya	vaya	fuera/-se
vamos	íbamos	fuimos	vayamos	vayamos	fuéramos/-semos
vais	ibais	fuisteis	vayáis	id	fuerais/-seis
van	iban	fueron	vayan	vayan	fueran/-sen
gerundio					
yendo					

infinitivo: jugar

presente	pret. ind.	subj. pres.	imperativo
juego	jugué	juegue	
juegas	jugaste	juegues	juega
juega	jugó	juegue	juegue
jugamos	jugamos	juguemos	juguemos
jugáis	jugasteis	juguéis	jugad
juegan	jugaron	jueguen	jueguen

infinitivo: leer

pret. ind.	subj. imp.	
leí	leyera/-se	gerundio
leíste	leyeras/-ses	leyendo
leyó	leyera/-se	
leímos	leyéramos/-semos	participio
leísteis	leyerais/-seis	leído
leyeron	leyeran/-sen	

Ebenso: **creer**

infinitivo: oír

presente	imperfecto	pret. ind.	subj. pres.	imperativo	subj. imp.
oigo	oía	oí	oiga		oyera/-se
oyes	oías	oíste	oigas	oye	oyeras/-ses
oye	oía	oyó	oiga	oiga	oyera/-se
oímos	oíamos	oímos	oigamos	oigamos	oyéramos/-semos
oís	oíais	oísteis	oigáis	oíd	oyerais/-seis
oyen	oían	oyeron	oigan	oigan	oyeran/-sen
gerundio	participio				
oyendo	oído				

infinitivo: oler

presente	subj. pres.	imperativo
huelo	huela	
hueles	huelas	huele
huele	huela	huela
olemos	olamos	olamos
oléis	oláis	oled
huelen	huelan	huelan

infinitivo: poder

presente	pret. ind.	futuro	
puedo	pude	podré	**gerundio**
puedes	pudiste	podrás	pudiendo
puede	pudo	podrá	
podemos	pudimos	podremos	
podéis	pudisteis	podréis	
pueden	pudieron	podrán	

subj. pres.	imperativo	subj. imp.	condicional
pueda		pudiera/-se	podría
puedas	puede	pudieras/-ses	podrías
pueda	pueda	pudiera/-se	podría
podamos	podamos	pudiéramos/-semos	podríamos
podáis	poded	pudierais/-seis	podríais
puedan	puedan	pudieran/-sen	podrían

infinitivo: (podrir) pudrir

Für beide Verben gelten die Formen von **pudrir** (mit **-u-**). Das Partizip hingegen lautet beide Male **podrido**.

infinitivo: poner

presente	pret. ind.	futuro	
pongo	puse	pondré	
pones	pusiste	pondrás	
pone	puso	pondrá	
ponemos	pusimos	pondremos	**participio**
ponéis	pusisteis	pondréis	**puesto**
ponen	pusieron	pondrán	

subj. pres.	imperativo	subj. imp.	condicional
ponga		pusiera/-se	pondría
pongas	**pon**	pusieras/-ses	pondrías
ponga	ponga	pusiera/-se	pondría
pongamos	pongamos	pusiéramos/-semos	pondríamos
pongáis	pongáis	pusierais/-seis	pondríais
pongan	pongan	pusieran/-sen	pondrían

Ebenso: **reponer, disponer, interponer,** etc.

infinitivo: querer

presente	pret. ind.	futuro	
quiero	quise	querré	
quieres	quisiste	querrás	
quiere	quiso	querrá	
queremos	quisimos	querremos	
queréis	quisisteis	querréis	
quieren	quisieron	querrán	

subj. pres.	imperativo	subj. imp.	condicional
quiera		quisiera/-se	querría
quieras	quiere	quisieras/-ses	querrías
quiera	quiera	quisiera/-se	querría
queramos	queramos	quisiéramos/-semos	querríamos
queráis	quered	quisierais/-seis	querríais
quieran	quieran	quisieran/-sen	querrían

infinitivo: reír

presente	subj. pres.	imperativo	imperfecto	pret. ind.	
río	ría		reía	reí	**gerundio**
ríes	rías	ríe	reías	reíste	riendo
ríe	ría	ría	reía	rio	
reímos	riamos	riamos	reíamos	reímos	
reís	riais	reíd	reíais	reísteis	
ríen	rían	rían	reían	rieron	

Ebenso: **sonreír**

infinitivo: saber

presente	pret. ind.	futuro	
sé	supe	sabré	
sabes	supiste	sabrás	
sabe	supo	sabrá	
sabemos	supimos	sabremos	
sabéis	supisteis	sabréis	
saben	supieron	sabrán	

subj. pres.	imperativo	subj. imp.	condicional
sepa		supiera/-se	sabría
sepas	sabe	supieras/-ses	sabrías
sepa	sepa	supiera/-se	sabría
sepamos	sepamos	supiéramos/-semos	sabríamos
sepáis	sabed	supierais/-seis	sabríais
sepan	sepan	supieran/-sen	sabrían

infinitivo: salir

presente	subj. pres.	imperativo	futuro	condicional
salgo	salga		saldré	saldría
sales	salgas	sal	saldrás	saldrías
sale	salga	salga	saldrá	saldría
salimos	salgamos	salgamos	saldremos	saldríamos
salís	salgáis	salid	saldréis	saldríais
salen	salgan	salgan	saldrán	saldrían

Ebenso: **valer**

infinitivo: ser

presente	imperfecto	pret. ind.	futuro
soy	era	fui	seré
eres	eras	fuiste	serás
es	era	fue	será
somos	éramos	fuimos	seremos
sois	erais	fuisteis	seréis
son	eran	fueron	serán

subj. pres.	imperativo	subj. imp.	condicional
sea		fuera/-se	sería
seas	sé	fueras/-ses	serías
sea	sea	fuera/-se	sería
seamos	seamos	fuéramos/-semos	seríamos
seáis	sed	fuerais/-seis	seríais
sean	sean	fueran/-sen	serían

infinitivo: tener

presente	pret. ind.	futuro
tengo	tuve	tendré
tienes	tuviste	tendrás
tiene	tuvo	tendrá
tenemos	tuvimos	tendremos
tenéis	tuvisteis	tendréis
tienen	tuvieron	tendrán

subj. pres.	imperativo	subj. imp.	condicional
tenga		tuviera/-se	tendría
tengas	ten	tuvieras/-ses	tendrías
tenga	tenga	tuviera/-se	tendría
tengamos	tengamos	tuviéramos/-semos	tendríamos
tengáis	tened	tuvierais/-seis	tendríais
tengan	tengan	tuvieran/-sen	tendrían

infinitivo: traducir

presente	subj. pres.	imperativo	pret. ind.	subj. imp.
traduzco	traduzca		traduje	tradujera/-se
traduces	traduzcas	traduce	tradujiste	tradujeras/-ses
traduce	traduzca	traduzca	tradujo	tradujera/-se
traducimos	traduzcamos	traduzcamos	tradujimos	tradujéramos/-semos
traducís	traduzcáis	traducid	tradujisteis	tradujerais/-seis
traducen	traduzcan	traduzcan	tradujeron	tradujeran/-sen

Ebenso: **conducir, seducir,** etc.

infinitivo: traer

presente	subj. pres.	imperativo	pret. ind.	subj. imp.	
traigo	traiga		traje	trajera/-se	
traes	traigas	trae	trajiste	trajeras/-ses	**gerundio**
trae	traiga	traiga	trajo	trajera/-se	trayendo
traemos	traigamos	traigamos	trajimos	trajéramos/-semos	
traéis	traigáis	traed	trajisteis	trajerais/-seis	**participio**
traen	traigan	traigan	trajeron	trajeran/-sen	traído

Ebenso: **retraer, contraer,** etc.

infinitivo: venir

presente	pret. ind.	futuro	
vengo	vine	vendré	
vienes	viniste	vendrás	**gerundio**
viene	vino	vendrá	viniendo
venimos	vinimos	vendremos	
venís	vinisteis	vendréis	
vienen	vinieron	vendrán	

subj. pres.	imperativo	subj. imp.	condicional
venga		viniera/-se	vendría
vengas	**ven**	vinieras/-ses	vendrías
venga	venga	viniera/-se	vendría
vengamos	vengamos	viniéramos/-semos	vendríamos
vengáis	venid	vinierais/-seis	vendríais
vengan	vengan	vinieran/-sen	vendrían

infinitivo: ver

presente	imperfecto	pret. ind.	subj. pres.	imperativo	subj. imp.
veo	veía	vi	vea		viera/-se
ves	veías	viste	veas	ve	vieras/-ses
ve	veía	vio	vea	vea	viera/-se
vemos	veíamos	vimos	veamos	veamos	viéramos/-semos
veis	veíais	visteis	veáis	ved	vierais/-seis
ven	veían	vieron	vean	vean	vieran/-sen

participio
visto

Ebenso: **prever**

Erklärung wichtiger Grammatikbegriffe

Spanisch	Latein	Deutsch	Beispiele
adjetivo	Adjektiv	Eigenschaftswort	Der **interessante** Film.
adverbio	Adverb	Umstandswort	Sie spricht **langsam**.
artículo	Artikel	Geschlechtswort	**Der** Río de la Plata ist **ein** Fluss.
comparativo	Komparativ	1. Steigerungs-form	Meine Wohnung ist **größer als** deine.
conjunción	Konjunktion	Bindewort	Tee **oder** Kaffee?
consonante (f)	Konsonant	Mitlaut	**b, c, d**, usw.
diptongo	Diphthong	Doppellaut	**ai, au, ei, eu, ia, io**, usw.
futuro	Futur I	Zukunft	Wir **werden** nach Madrid **fliegen**.
futuro perfecto/ compuesto	Futur II	vollendete Zukunft	Bald **werde** ich die Arbeit **beendet haben**.
gerundio	Gerundium	Verlaufsform	Sie stand **heulend** auf.
imperativo	Imperativ	Befehlsform	**Geh** ins Bett!
imperfecto	Imperfekt	unvollendete Vergangenheit	Sie **war** früher sehr schüchtern.
indefinido	historisches Perfekt	historische Vergangenheit	(gibt es im Deutschen nicht)
indicativo	Indikativ	Wirklichkeitsform	(**geht, ging, wird gehen, ist gegangen, war gegangen, wird gegangen sein**)
infinitivo	Infinitiv	Grundform	Es beginnt zu **regnen**.
participio	Partizip	Mittelwort	Sie haben **geschrieben**.
pasiva	Passiv	Leideform	Er **ist gewählt worden**.
perfecto	Perfekt	vollendete Gegenwart	Wir **haben getanzt**.
pluscuam-perfecto	Plusquam-perfekt	vollendete Vergangenheit	Ich **hatte angerufen**.
presente (m)	Präsens	Gegenwart	Er **fliegt** nach Guatemala.
pronombre (m)	Pronomen	Fürwort	Sie kauft **es**.
pronombre demostrativo	Demonstrativ-pronomen	hinweisendes Fürwort	Ich nehme **diese** Bluse.
pronombre indefinido	unbestimmtes Pronomen	unbestimmtes Fürwort	Wir verstehen nicht **viel**.
pronombre personal	Personal-pronomen	persönliches Fürwort	**Ich** lerne Spanisch.
pronombre posesivo	Possessiv-pronomen	besitzanzeigendes Fürwort	**Unsere** Lehrerin ist jung.
pronombre relativo	Relativ-pronomen	bezügliches Fürwort	Der Bus, **den** wir nehmen, fährt um 9.00 Uhr.
pronombre reflexivo	Reflexiv-pronomen	rückbezügliches Fürwort	Er **wäscht sich**.
subjuntivo			**gehe, ginge, sei gegangen, wäre gegangen**
superlativo	Superlativ	2. Steigerungs-form	Der Aconcagua ist **der höchste** Berg der Anden.
sustantivo	Substantiv	Hauptwort	**Brot, Butter, Eier**, usw.
verbo	Verb	Tätigkeitswort	**schreiben, lesen**, usw.
vocal (f)	Vokal	Selbstlaut	**a, e, i, o, u**

Stichwortregister

PONS Verbtabellen Plus Spanisch

Alle Verbformen schnell nachschlagen und sofort richtig anwenden

- Kommt *oiga!* von *oír*? Mit dem Doppelseitenprinzip finden Sie auf Fragen wie diese schnell die richtige Antwort
- Links die übersichtlichen Konjugationstabellen, rechts die Verben mit Wendungen, Beispielen und Tipps
- Mit Grammatikteil und Übersetzung aller Verben ins Deutsche
- Übungen und Testaufgaben zu den wichtigsten Verben

Format: 15 x 21 cm
208 Seiten, Broschur
ISBN: 978-3-12-561514-4

www.pons.de